CAGED

MASTER OF THE FRETBOARD

Gil Beckers

Ein Konzept, das Griffbrett und seine Skalen zu meistern

ALMA VERLAG

Impressum

AMA Verlag GmbH
Postfach 1168
50301 Brühl
Germany

E-Mail: mail@ama-verlag.de
www.ama-verlag.de

Gitarren-Einspielungen: Gil Beckers
Bass-Einspielungen: Tim Beckers
Drum-Programmierung: Gil Beckers
Mix der Jam-Tracks: Tim Hoffmann
Umschlaggestaltung und Layout: Janine Navarro | www.raabendesign.degin Schulte-Ontrop
Cover-Fotos: Vorderseite: ringo / photocase.com, Rückseite: fotolia by Adobe,© krsmanovic
Redaktion: Harald Wingerter
Gesamtherstellung: Detlef Kessler

Printed in Germany
AMA 610349
ISBN 978-3-89922-019-3
ISMN M-50155-000-5

VORWORT

Dieses Lehrbuch soll dir schrittweise die Kenntnisse vermitteln, das Griffbrett und seine harmonischen Zusammenhänge ganzheitlich zu verstehen, zu erkennen und zu meistern. Konkret bedeutet das, dass du nach der Bearbeitung dieses Buches in der Lage bist, an jedem Bund bzw. in jeder Lage des Griffbretts jede beliebige Kirchentonleiter (Mode) sowie Dur- und Moll-Pentatonik zu spielen. Und das mit Konzept! Vorbei sind damit die Zeiten, in denen man als Gitarrist nur in bestimmten Lagen frei spielen oder solieren kann. Vorbei sind damit die Zeiten, in denen man als Gitarrist in die unangenehme Situation kommt, an einem beliebigen Bund auf dem Griffbrett harmonisch hoffnungslos verloren zu sein.

Ich habe mich spielerisch immer eingeschränkt gefühlt, da ich strukturlos auf dem Griffbrett herum geirrt bin. Mit dem Erlernen des folgenden Konzepts hat sich mein Bezug zur Gitarre grundlegend geändert.

Dabei ist es egal, ob du ein Blues- , Rock- , Pop- , Jazz- , Heavy Metal- oder Flamenco-Spieler bist. Dieses Buch lehrt dich, dein Instrument universal zu verstehen und gibt dir damit die Freiheit, dich unbegrenzt auf deiner Gitarre ausdrücken zu können. Ganz unabhängig von jeglicher musikalischen Stilistik.

Das Konzept, das uns als Grundlage dienen wird, diese Flexibilität zu erlangen, nennt sich CAGED-System. Das Griffbrett wird dabei für jeden der 12 Grundtöne in fünf Bereiche unterteilt. Ich nenne diese Bereiche Box 1 bis Box 5. In jede dieser Boxen kann man nun harmonisches Material, also Skalen, Arpeggios sowie Akkorde einsetzen. Dieses Prinzip wird auf den kommenden Seiten detaillierter beschrieben.

Dieses Buch setzt sich ausschließlich mit der Thematik der Skalen auseinander. Genauer gesagt mit den sieben Kirchentonleitern (sieben Modi) des ionischen Systems und der Dur- und Moll-Pentatonik. Arpeggios und Akkorde werden nicht behandelt. In jedem Kapitel erwarten dich Beispiel-Licks sowie Jam-Tracks, mit denen du das Neugelernte kreativ ausleben kannst.

Um den Rahmen dieses Buches nicht zu sprengen und gleichzeitig den Fokus klar auf das CAGED-System zu legen, werden gitarrentechnische Aspekte wie Anschlag, Saitenziehen, Hammer-on, Pull-off, Slide, etc. nicht behandelt. Diese Grundkenntnisse zu haben, bevor du dich mit diesem Buch beschäftigst, ist definitiv nicht verkehrt. Es gibt viele Lehrbücher, die diese grundlegenden Techniken sehr gut vermitteln.

Ich habe es mir zum Ziel gesetzt, den Inhalt dieses Buches mit konkreten Übevorgaben und Hilfsmedien so zu unterstützen, dass es möglich ist, sowohl autodidaktisch als auch mit der Hilfe eines Gitarrenlehrers vorzugehen.

Nun bleibt mir nichts anderes mehr übrig, als dir viel Spaß, Erfolg und Durchhaltevermögen zu wünschen. Hast du dieses Buch erst einmal durchgearbeitet, wirst du die Gitarre mit ganz anderen Augen sehen.

Alles Gute, Gil Beckers

INHALTSVERZEICHNIS

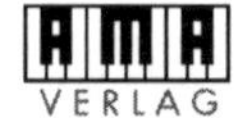

Kapitel 1
Übersicht der Skalen und deren Aufbau

Bevor wir uns an die Gitarre setzen und das Griffbrett durchleuchten, möchte ich eine Übersicht darstellen, welche Skalen wir in diesem Buch mit Hilfe des CAGED-Systems behandeln werden.

Du solltest natürlich zuerst theoretisch verstanden haben, wie sich diese Modi einzeln harmonisch aufbauen. Der Rahmen dieses Buches gibt es nicht her, an dieser Stelle ausführlich auf die Hintergründe und Harmonielehre der sieben Modi in Beziehung mit ihren zugehörigen Akkorden einzugehen. Sollte es dir an dieser Stelle noch an Wissen fehlen, empfehle ich, dass du dir ein Harmonielehre-Buch zulegest.

Außerdem weise ich nochmal darauf hin, dass die sieben Modi, wie oft falsch verstanden, nicht ausschließlich etwas mit Jazz zu tun haben. Es geht um musikalisches Material, das das Fundament unserer heutigen Musikkultur ist; ganz egal ob du Klassik, Jazz, Heavy Metal, Funk, Country, Pop oder Rock spielst.

In diesem Buch werden wir aus Gründen der Griffbrettordnung das CAGED-System mit Hilfe des Grundtons D erlernen. Deshalb stelle ich, im Gegensatz zu der allgemein verbreiteten Methode die sieben Modi aus C-Dur abzuleiten, jeden der sieben Modi mit Grundton D dar.

Ionisch

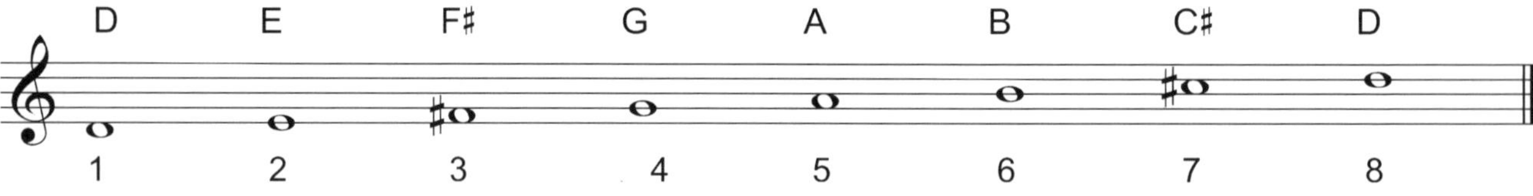

Dorisch

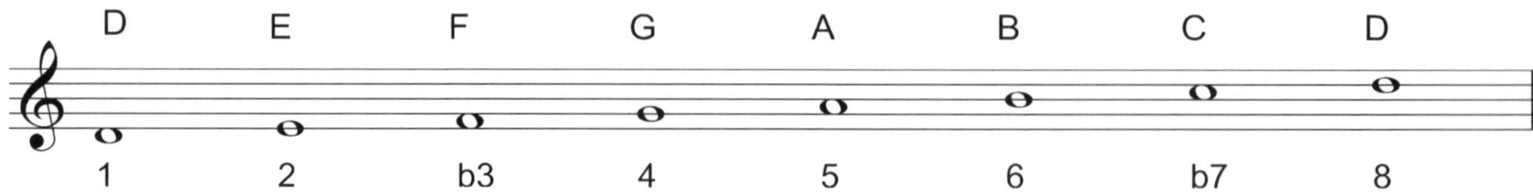

Phrygisch

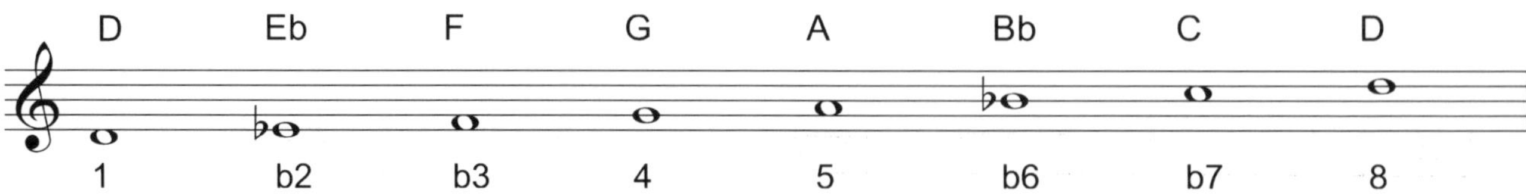

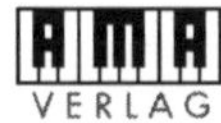

Lydisch

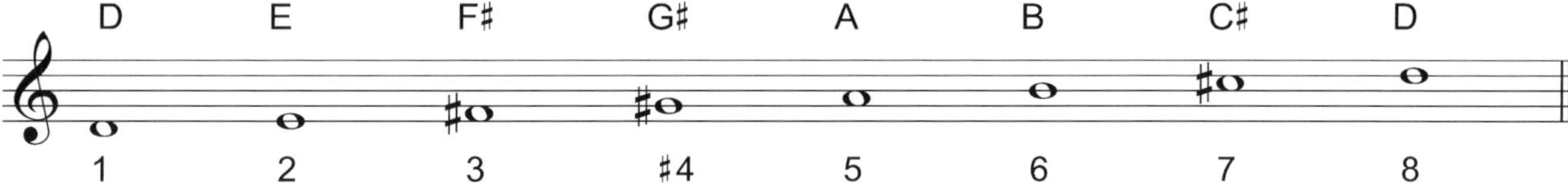

Mixolydisch

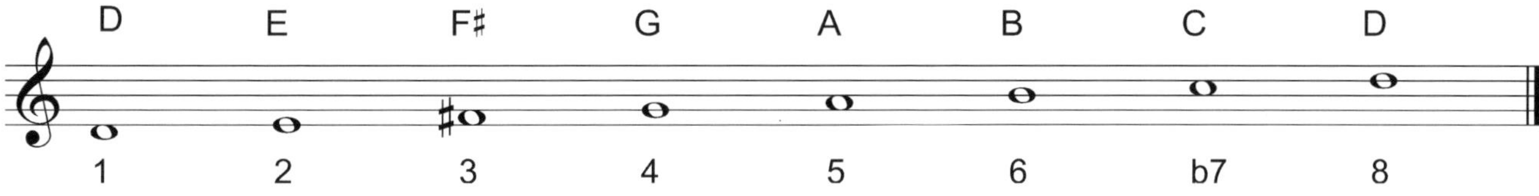

Äolisch

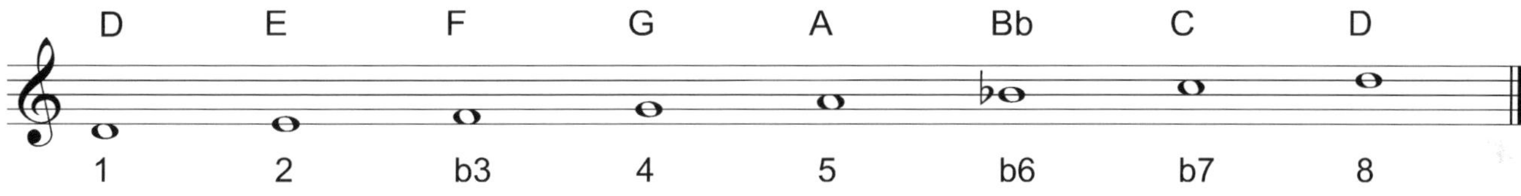

Lokrisch

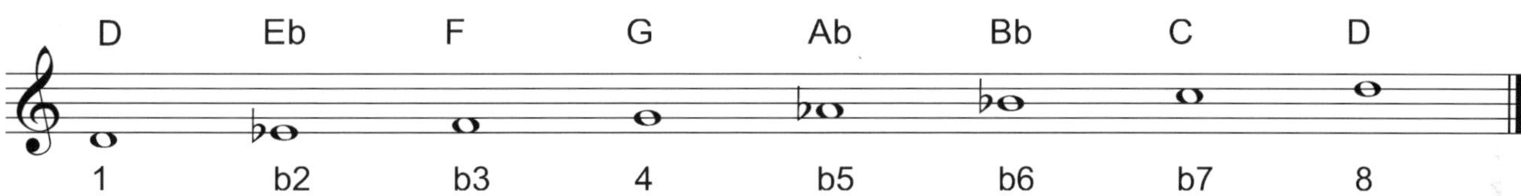

Dur-Pentatonik

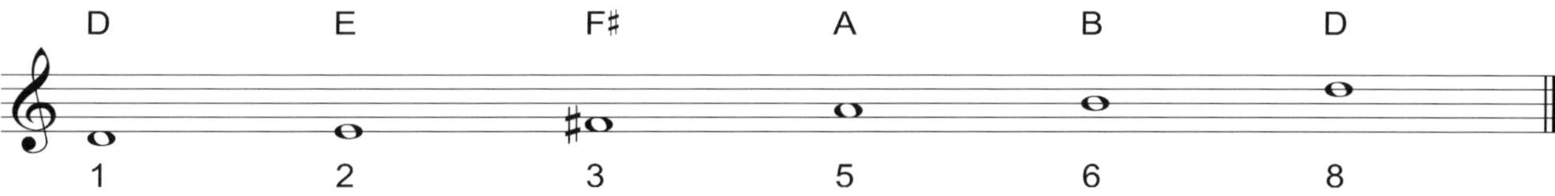

Moll-Pentatonik

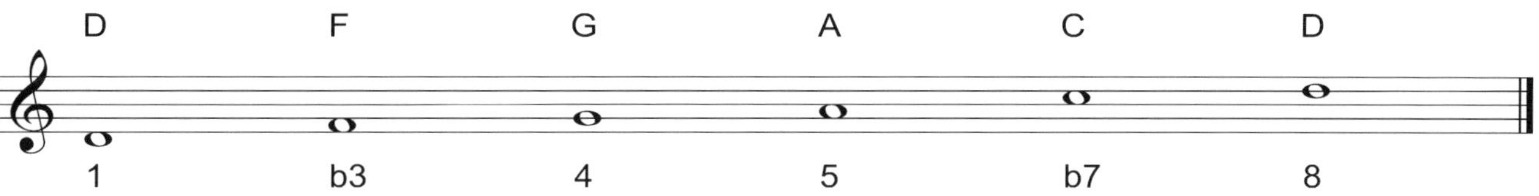

Auf geht's in das nächste Kapitel.

Kapitel 2

Die magische Zahl 5 und die Idee vom CAGED- System

Die Zahl 5 wird dich wie keine andere Zahl in diesem Buch durchgehend begleiten. Es gibt sowohl fünf Grundton-Boxen als auch fünf Fingersatz-Patterns auf der Gitarre. Was das genau ist, wird in den nächsten zwei Unterkapiteln detailliert beschrieben. Ich behandle beide Begriffe getrennt voneinander. Es ist wichtig, dass du dir diese Trennung bewusst machst und diese Vorstellung während jedem Kapitel und jeder Übung beibehältst.

2.1 Die fünf Grundton-Boxen

Wir wollen uns im ersten Schritt nur um Grundtöne und deren Standorte auf dem Griffbrett kümmern. Das Griffbrett der Gitarre hat die Eigenschaft, dass man einen beliebigen Ton in all seinen Varianten, d.h. auf den verschiedenen Saiten und Lagen, insgesamt in fünf Oktavabschnitte unterteilen kann.
Diese **Oktavabschnitte** nenne ich **Boxen. Es gibt folglich für jeden Ton fünf solcher Boxen!**
Damit bringen wir Struktur in das sehr unübersichtlich erscheinende Griffbrett.

Wir haben für jeden Ton eine Box 1 bis Box 5. Dargestellt wird das im Folgenden anhand des Tones D. Das Muster jeder Box steht jeweils in der Klammer neben der Boxnummer. **Dieses ist für jeden der 12 Töne gleich.**

Box 1 (Grundton 1 auf A-Saite, Grundton 2 auf B-Saite)

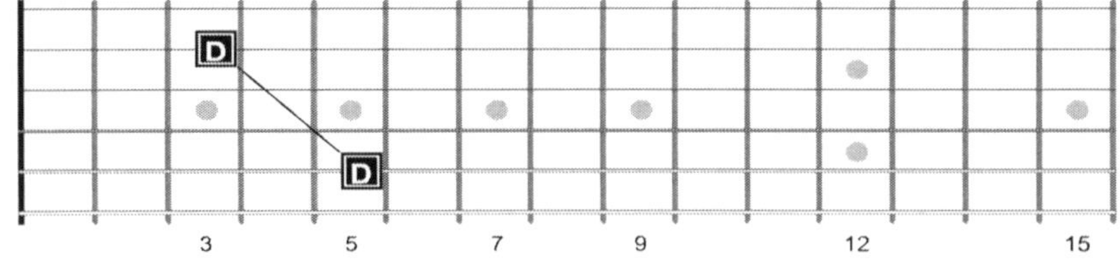

Findest du einen Grundton auf der A-Saite, liegt auf der B-Saite zwei Bünde tiefer seine Oktave.
Das ist deine Box 1.

Box 2 (Grundton 1 auf A-Saite, Grundton 2 auf G-Saite)

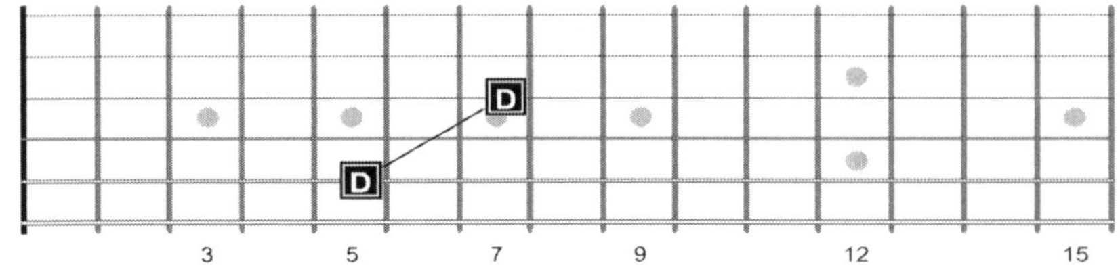

Findest du einen Grundton auf der A-Saite, liegt auf der G-Saite zwei Bünde höher seine Oktave.
Das ist deine Box 2.

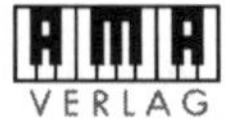

Box 3 (Grundton 1 auf E-Saite, Grundton 2 auf G-Saite, Grundton 3 auf E-Saite)

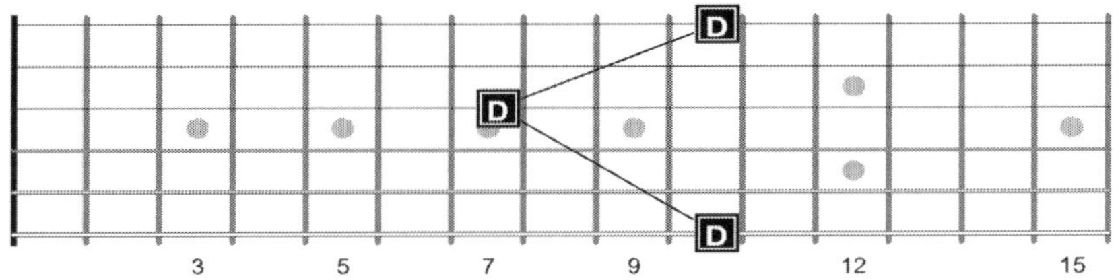

Findest du auf der tiefen E-Saite einen Grundton, liegt auf der G-Saite drei Bünde tiefer seine 1. Oktave. Seine 2. Oktave befindet sich auf der hohen E-Saite am gleichen Bund wie auf der tiefen E-Saite. Das ist deine Box 3.

Box 4 (Grundton 1 auf E-Saite, Grundton 2 auf D-Saite, Grundton 3 auf E-Saite)

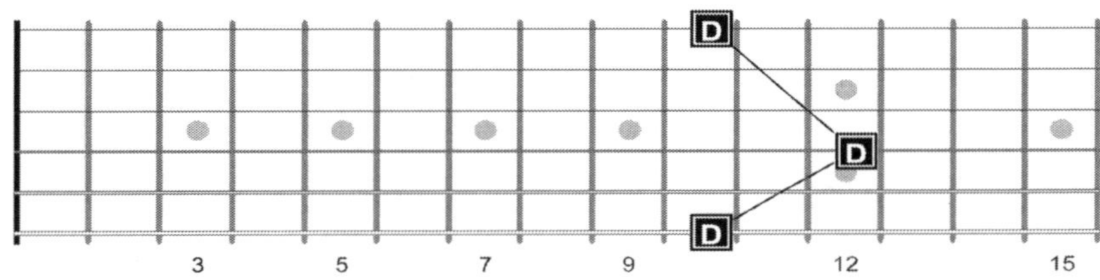

Findest du auf der tiefen E-Saite einen Grundton, liegt auf der D-Saite zwei Bünde höher seine 1. Oktave. Seine 2. Oktave befindet sich auf der hohen E-Saite am gleichen Bund wie auf der tiefen E-Saite. Das ist deine Box 4.

Box 5 (Grundton 1 auf D-Saite, Grundton 2 auf B-Saite)

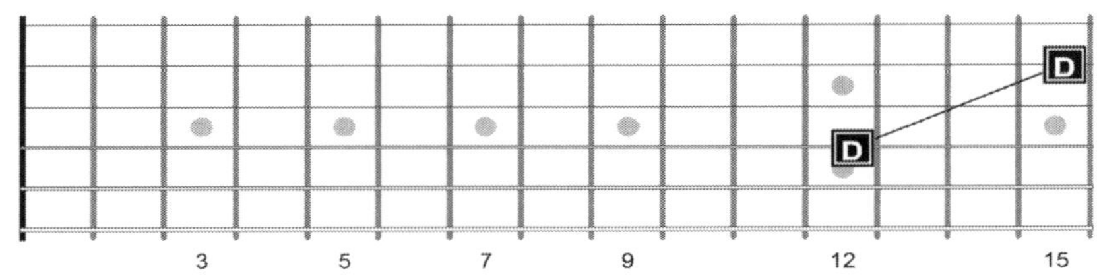

Findest du auf der D-Saite einen Grundton, liegt auf der B-Saite drei Bünde höher seine Oktave.
Das ist deine Box 5.

Wie du dem nächsten Bild entnehmen kannst, reihen sich die fünf Boxen aneinander.
Nach Box 5 am 15. Bund schließt direkt wieder Box 1 an.

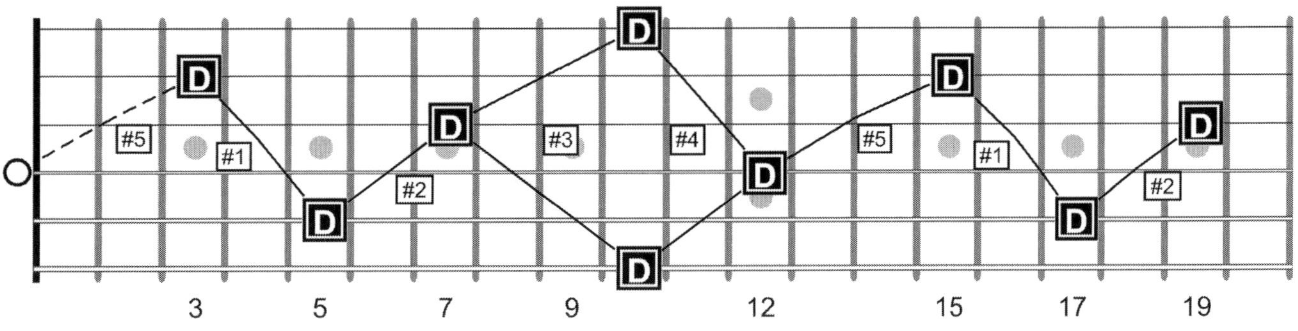

Wir haben damit unser Griffbrett vom ersten bis zum letzten Bund für einen bestimmten Grundton klar mit den Boxen durchstrukturiert. Damit kannst du arbeiten!

Dieses fünf-Boxen-Prinzip wollen wir nun vom Ton D auf alle weiteren elf Töne übertragen. Auch wenn wir in diesem Buch weiterhin mit dem Ton D arbeiten werden, ist es wichtig zu wissen, dass du das Boxen-System für jeden beliebigen Ton anwenden kannst!

ÜBUNG 1:
Spiel für jeden der 12 Töne seine fünf Grundtonboxen.

Starte mit dem jeweiligen Ton am tiefstmöglichen Bund und lokalisier dort die sich ergebende Box dieses gefragten Tons.
Finde nun in aufsteigender Reihenfolge die restlichen vier Boxen des Tons, bis du wieder bei der ursprünglichen Box angelangt bist.

Wir starten mit dem Ton D und verändern den Grundton dann in der Reihenfolge des Quintenzirkels:

D, A, E, B, F#, C#, Ab, Eb, Bb, F, C, G

Für den Fall, dass du nicht weißt, wo sich auf dem Griffbrett welcher Ton befindet, findest du im Anhang dieses Buches eine Tone-Location-Übersicht.

Im Anhang ist außerdem für jeden der 12 Töne eine Darstellung seiner fünf Boxen angefügt.
Du kannst somit deine Lösung der Übung 1 mit diesen Diagrammen kontrollieren.

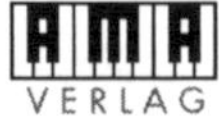

Der Name CAGED-System - wieso eigentlich?

Der Begriff CAGED-System leitet sich aus folgender Tatsache her: Jeder von uns kennt die offenen Akkorde C-Dur, A-Dur, G-Dur, E-Dur und D-Dur in der 1. Lage. Vergleicht man diese Akkorde und den Ort ihrer zugehörigen Grundtöne mit unseren Boxen 1 bis 5, so stellen wir fest, dass jeder dieser offenen Akkorde seinen Platz in einer dieser fünf Boxen findet. Einige der Grundtöne sind lediglich als offene Saiten vorhanden.

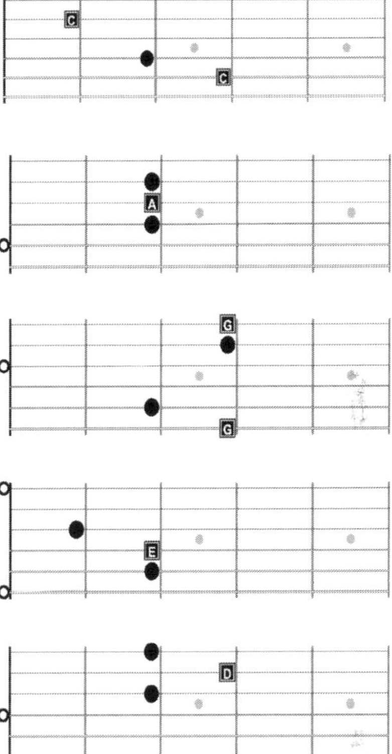

Box 1 = Box von C (C-Box)
Box 2 = Box von A (A-Box)
Box 3 = Box von G (G-Box)
Box 4 = Box von E (E-Box)
Box 5 = Box von D (D-Box)

Wie du nun unschwer erkennen kannst, ergibt sich bei der Aneinanderreihung von Box 1 bis 5 das Wort

CAGED

2.2 Die fünf Fingersatz-Patterns

Im nächsten Schritt beschäftigen wir uns mit den **fünf verschiedenen Fingersatz-Patterns** des ionischen Systems. Ich werde in diesem Buch der Einfachheit halber von **Pattern 1 bis Pattern 5** sprechen.

Wichtig ist, dass du jedes dieser fünf Patterns mit dem vorgegebenen Fingersatz auswendig lernst. Außerdem ist nun entscheidend, dass du im ersten Schritt keinem der Patterns einen Grundton bzw. eine Skala zuordnest, sondern jedes der fünf Patterns vom tiefsten Ton der tiefen E-Saite bis zum höchsten Ton der hohen E-Saite als einen universalen Baustein betrachtest.

Um die Patterns unabhängig voneinander in die Finger zu bekommen, spiel diese in der 5. Lage, wie in den Neck-Diagrammen dargestellt.

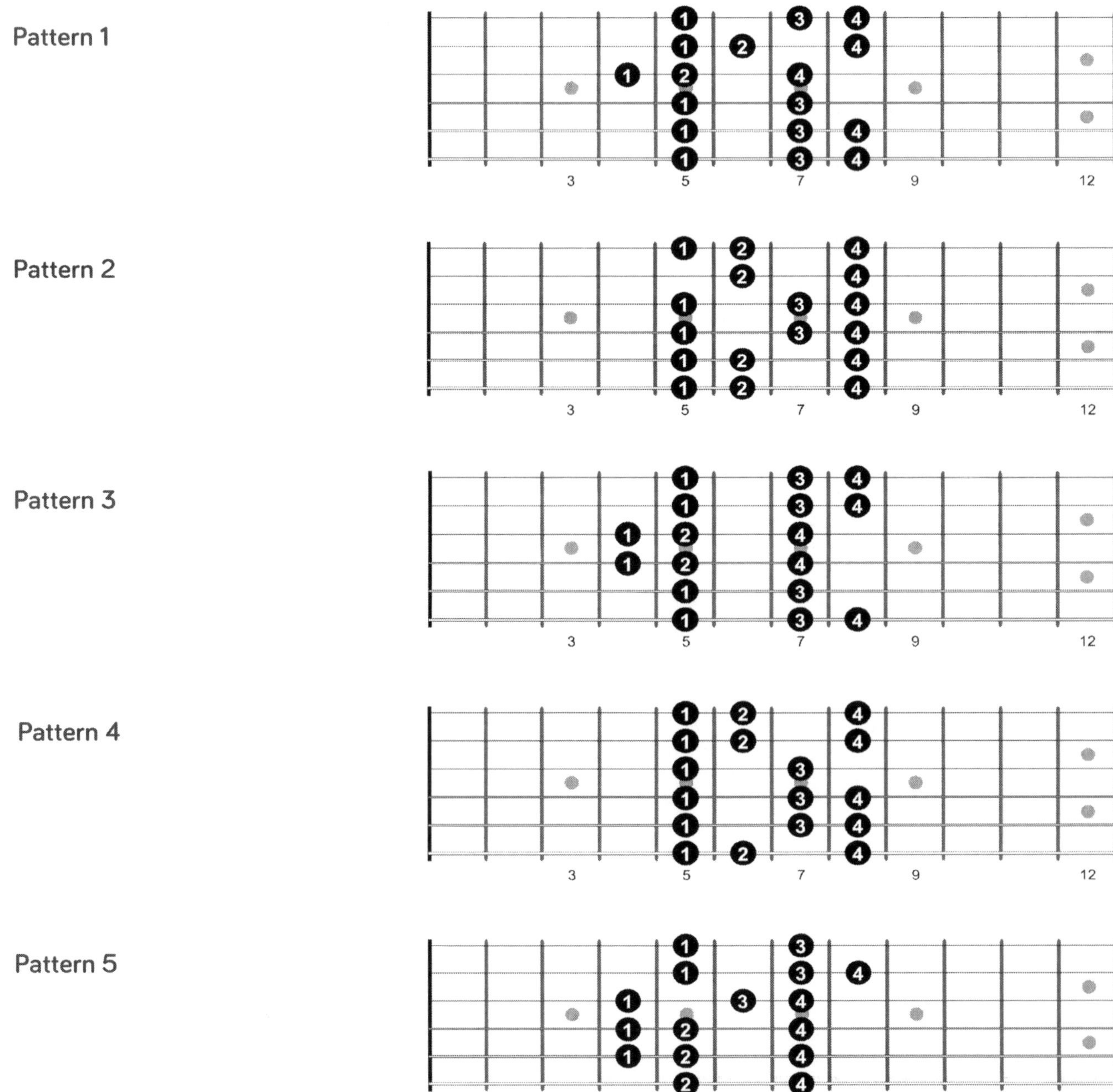

AMA VERLAG

2.3 Fünf Boxen und fünf Patterns – das Prinzip des CAGED-Systems

- Du hast verstanden, wie man für einen beliebigen Grundton das Griffbrett in seine fünf Boxen unterteilt.
- Du kennst die fünf universalen Patterns des ionischen Systems von der tiefen E- zur hohen E-Saite.

WAS NUN?

Jeder Grundtonbox eines bestimmten Tons wird eines der fünf Patterns zugeteilt, um von diesem Grundton aus bzw. in dieser Grundtonbox die gewünschte Skala zu erhalten.

DAS IST DAS PRINZIP DES CAGED-SYSTEMS.

Als Beispiel veranschaulicht:

Du willst in Box 1 eines beliebigen Tons Ionisch spielen. So Spiel in der Box 1 das Pattern 4.
Du willst in Box 1 eines beliebigen Tons Mixolydisch spielen. So spiel in der Box 1 das Pattern 2.

In dem Moment, wo wir einer Box eines unserer universalen Patterns zuordnen, wird aus diesem Pattern eine Kirchentonleiter mit dem Grundton unserer Box!

In den folgenden Kapiteln gehen wir mit diesem Prinzip Schritt für Schritt durch die einzelnen Kirchentonarten. Unser Grundton wird aus Darstellungsgründen der Ton D sein.

Wir legen direkt los, um das Ganze in die Praxis umzusetzen.

Viel Spaß!

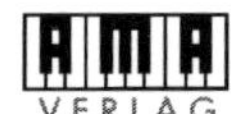

KAPITEL 3 – Ionisch

3.1 Darstellung der Skala

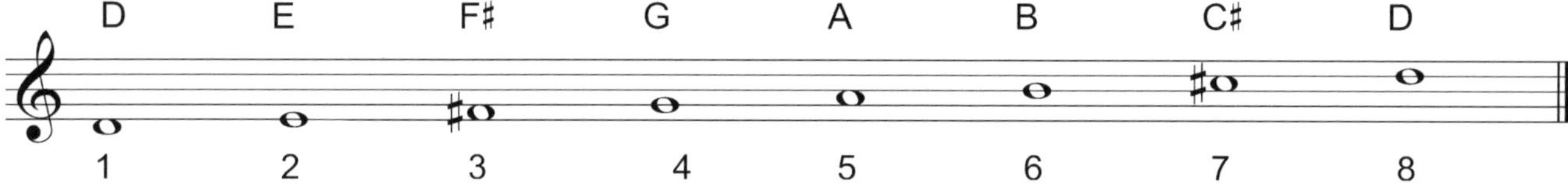

Wir beschäftigen uns zu allererst mit der ionischen Skala, normalerweise auch als Dur bekannt. Im ersten Schritt wird jeder Grundtonbox eines der fünf Patterns zugeordnet, um in jeder Box vom Grundton aus die ionische Skala zu erhalten.

Mit dem Ton D als Grundton sieht das Ganze wie folgt aus:

Box 1 + Pattern 4 = Ionisch
Spielst du in Box 1 das Pattern 4, so ergibt sich für den Grundton die ionische Skala.

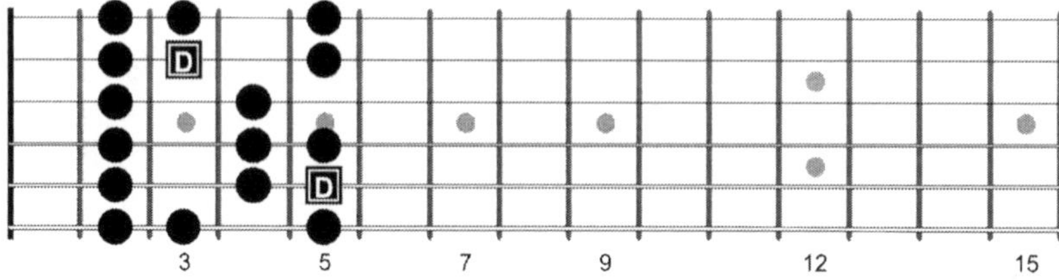

Box 2 + Pattern 5 = Ionisch
Spielst du in Box 2 das Pattern 5, so ergibt sich für den Grundton die ionische Skala.

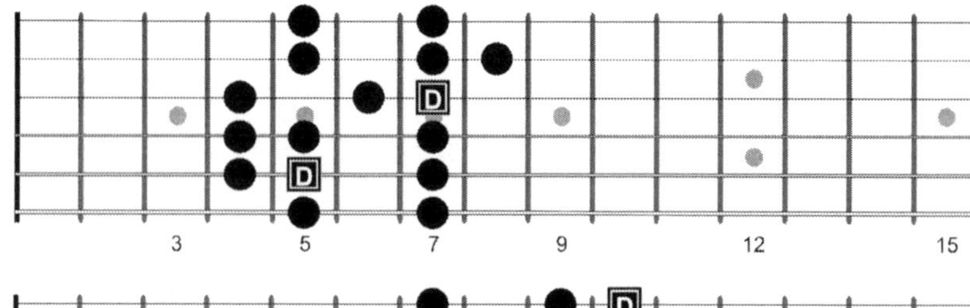

Box 3 + Pattern 1 = Ionisch
Spielst du in Box 3 das Pattern 1, so ergibt sich für den Grundton die ionische Skala.

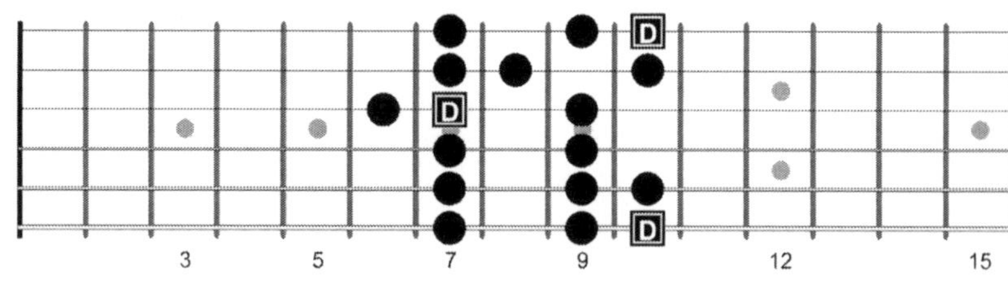

Box 4 + Pattern 2 = Ionisch
Spielst du in Box 4 das Pattern 2, so ergibt sich für den Grundton die ionische Skala.

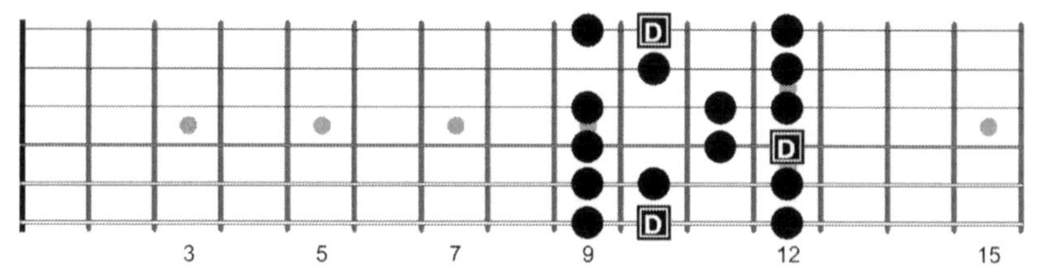

Box 5 + Pattern 3 = Ionisch
Spielst du in Box 5 das Pattern 3, so ergibt sich für den Grundton die ionische Skala.

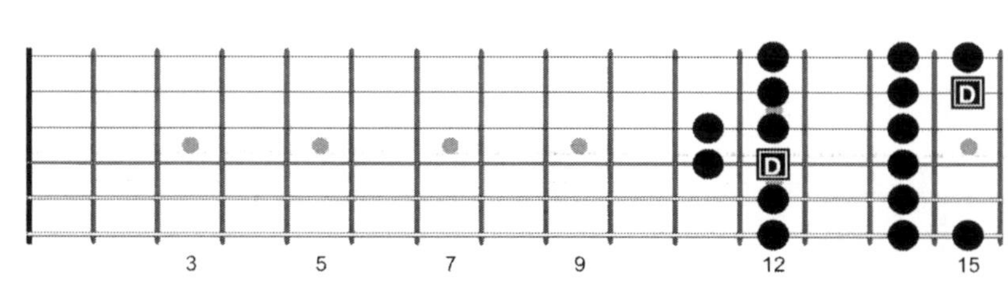

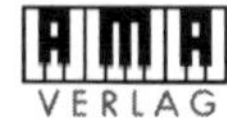

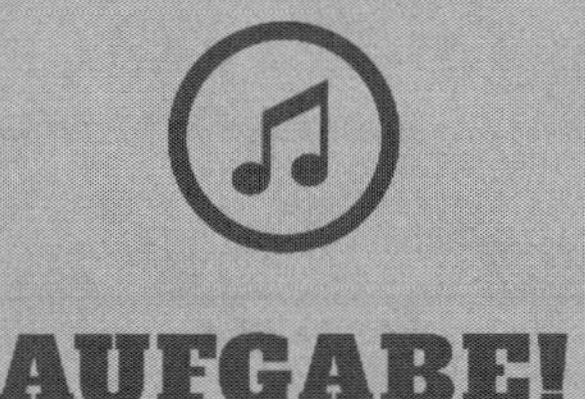

Spiel D-Ionisch in jeder der fünf D-Boxen wie in den Diagrammen dargestellt. Spiel die Skala in jeder Box dabei vom Grundton aus. Bist du bei der hohen E-Saite angekommen, spiel die Skala abwärts bis zur tiefen E-Saite und von dort wieder aufwärts bis zum Grundton. Merke dir für die ionische Skala die Kombination der Boxen mit den Pattern!

3.2 Licks und Jam-Track in Ionisch

Du sollst die fünf erlernten Skalenbereiche auch direkt in einem musikalischen Kontext anwenden. Wir fangen deshalb mit einem simplen Lick in D-Ionisch an, das wir in jeder D-Box spielen. Wie du der Notation entnehmen kannst, ändern sich in den unterschiedlichen Boxen für das gleiche Lick die Phrasierungsmöglichkeiten.

Lick 1 in Box 1

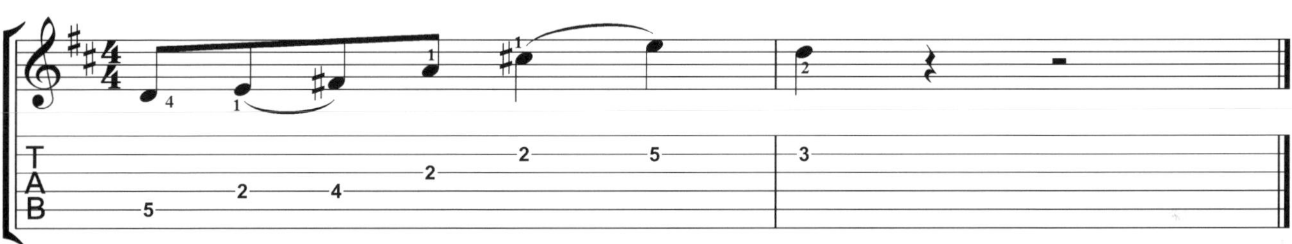

Lick 1 in Box 2

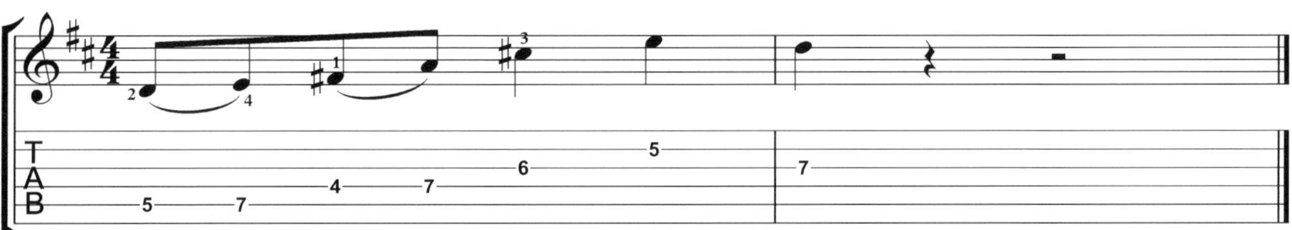

Lick 1 in Box 3

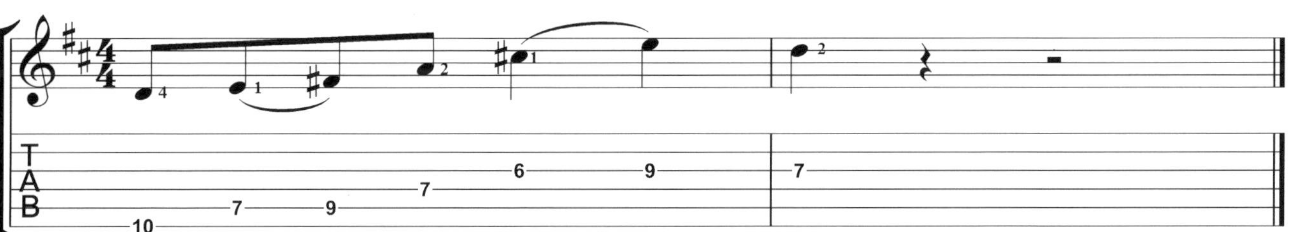

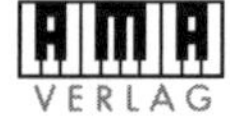

Lick 1 in Box 4

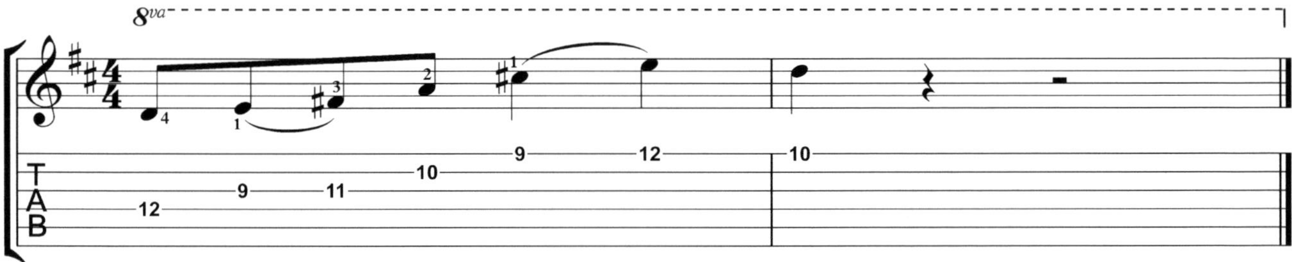

Lick 1 in Box 5

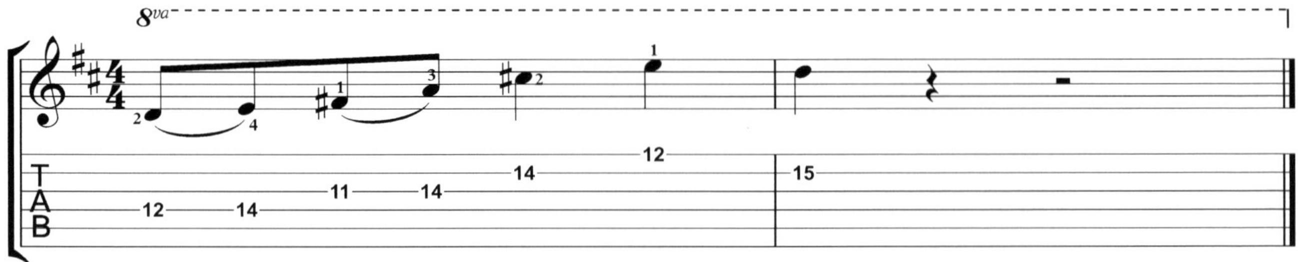

Der **JAM-TRACK 1** ist eine Pop/Rock-Akkordfolge in D-Dur. Du kannst über alle Akkorde mit D-Ionisch improvisieren. Verwende zum Beispiel Lick 1 oder kreiere neue Lines. Tob dich aus. Spiel in allen fünf Boxen mit der ionischen Skala.

Viel Spaß!

JAM-TRACK 1

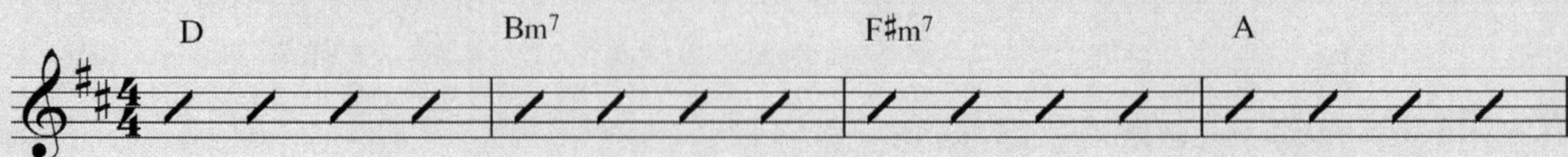

3.3 Kombinations-Übung

Um einheitlich an das Thema der Skalen heranzugehen, wird in diesem Buch alles in der Tonart D behandelt. Dennoch wirst du nach der Bearbeitung dieses Buches in der Lage sein, das hier Gelernte in jeder Tonart umzusetzen. Dafür gibt es in jedem 3. Kapitel einer Skala in diesem Buch die folgende Kombinations-Übung.

VORBEREITUNG:

Im Anhang dieses Buches befindet sich die Seite „Material für Kombinations-Übung". Entferne sie aus diesem Buch. Darauf befinden sich 12 Grundton- sowie 12 durchnummerierte Lage-Karten am Griffbrett. Schneide die einzelnen Karten aus, besorge dir zwei Gefäße (z.B. Karton oder Schüssel) und verstaue die Grundton- und Lage-Karten jeweils getrennt voneinander in einem der Gefäße.

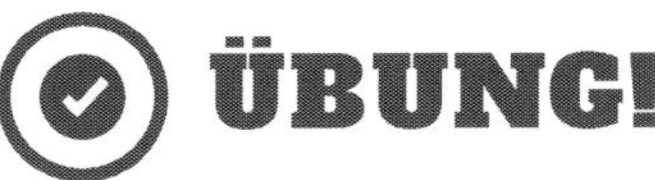

1. Zieh aus beiden Gefäßen eine Karte. Du hast nun eine Lage auf dem Griffbrett sowie einen Grundton vor dir. Lokalisier in der Lage die Grundtonbox für den gezogenen Grundton. Wir befinden uns in diesem Kapitel in Ionisch. Das ist dein Starting-Point!

2. Spiel nun in der gezogenen Lage die ionische Skala für den gezogenen Grundton. Starte dabei immer vom Grundton aus.

3. Ändere nun den Grundton im Quintenzirkel und spiel für den neuen Grundton die ionische Skala. Bleib dabei in der gezogenen Lage.

4. Führ das Prinzip durch den ganzen Quintenzirkel fort, bis du wieder am Ausgangs-Grundton angelangt bist. Bleib dabei für alle 12 Grundtöne in der gezogenen Lage.

Quintenzirkel: C G D A E B F# C# Ab Eb Bb F

Glückwunsch! Du hast gerade mit der Kombinations-Übung in einer Lage alle zwölf möglichen IONISCHEN SKALEN gespielt!

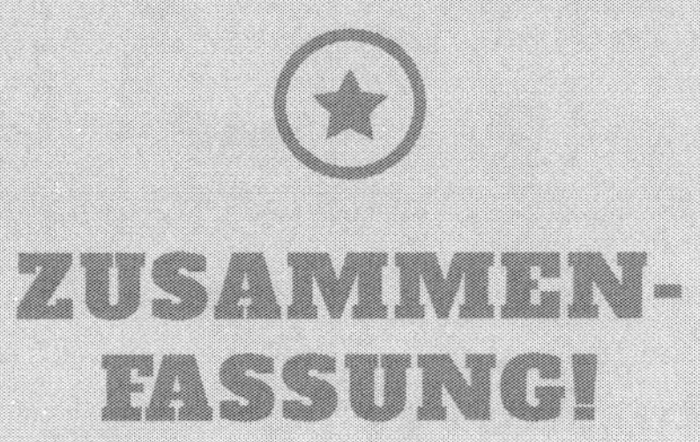

- Du hast den Aufbau der ionischen Skala verstanden.
- Du kennst die Beziehungen der fünf Grundtonboxen mit den fünf Patterns für die ionische Skala und kannst mithilfe dieser gelernten Beziehungen von jedem Grundton aus in jeder Lage die ionische Skala spielen.
- Du kannst über eine beliebige Akkordfolge in allen fünf ionischen Patterns improvisieren.

Kapitel 4 – Äolisch

4.1 Darstellung der Skala

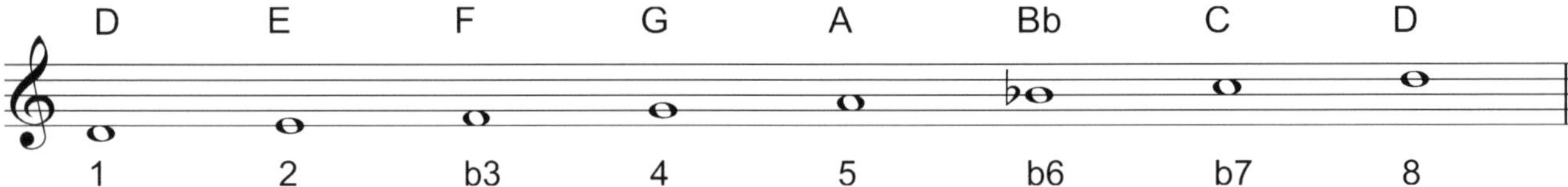

Als zweite Skala wollen wir uns die äolische Skala, auch bekannt als Natürlich Moll, genauer anschauen. Auch hier müssen wir jeder Grundtonbox eines der fünf Patterns zuordnen, um für jede Box vom Grundton aus die äolische Skala zu erhalten.

Für den Ton D sieht das Ganze wie folgt aus:

Box 1 + Pattern 3 = Äolisch
Spielst du in Box 1 das Pattern 3, so ergibt sich für den Grundton die äolische Skala.

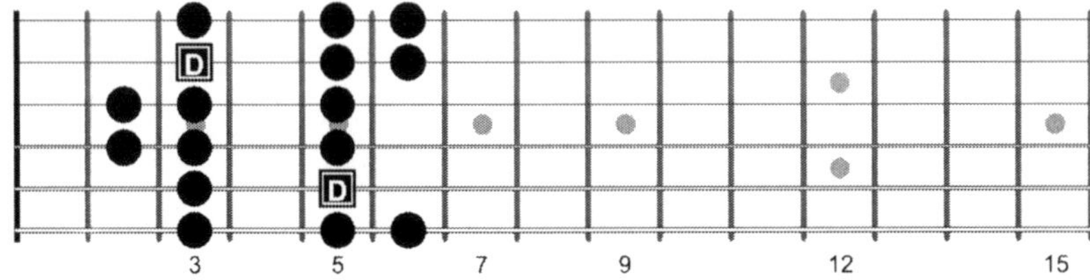

Box 2 + Pattern 4 = Äolisch
Spielst du in Box 2 das Pattern 4, so ergibt sich für den Grundton die äolische Skala.

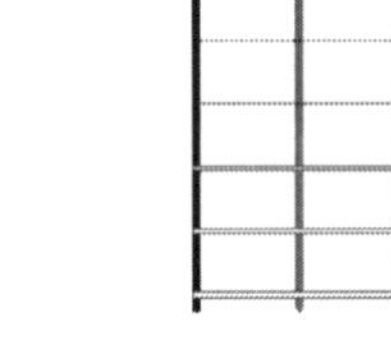

Box 3 + Pattern 5 = Äolisch
Spielst du in Box 3 das Pattern 5, so ergibt sich für den Grundton die äolische Skala.

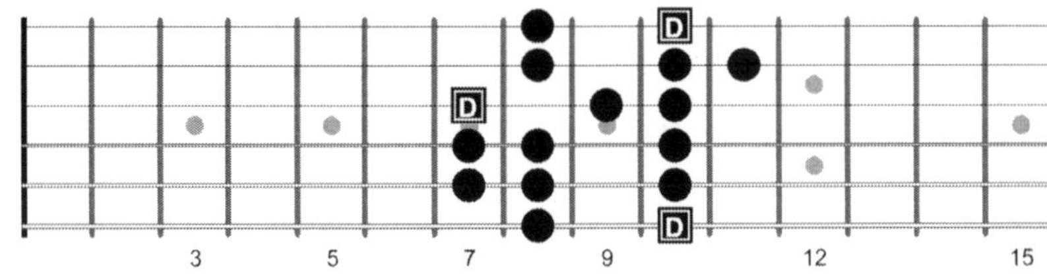

Box 4 + Pattern 1 = Äolisch
Spielst du in Box 4 das Pattern 1, so ergibt sich für den Grundton die äolische Skala.

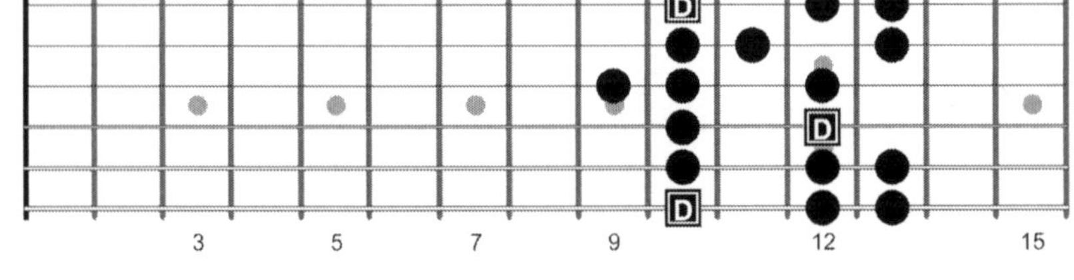

Box 5 + Pattern 2 = Äolisch
Spielst du in Box 5 das Pattern 2, so ergibt sich für den Grundton die äolische Skala.

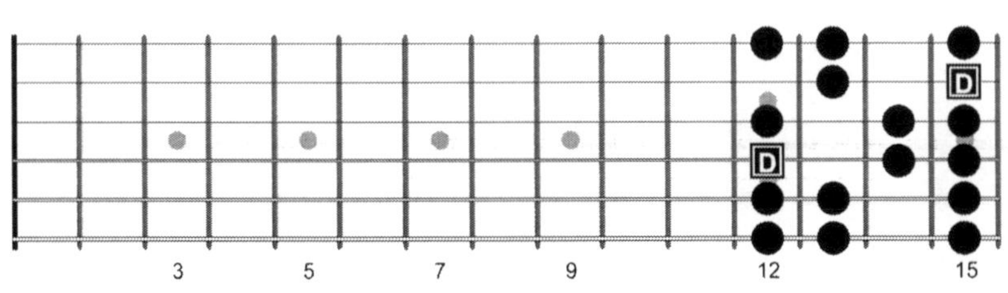

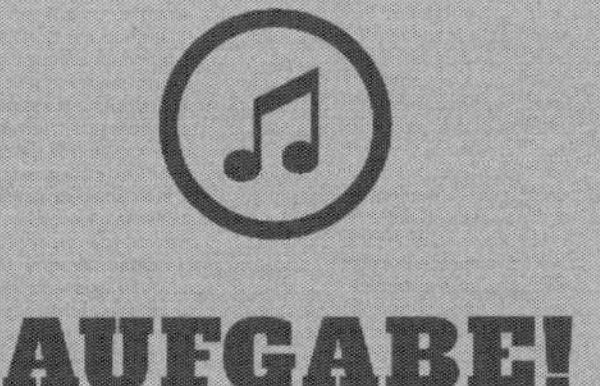

Spiel D-Äolisch in jeder der fünf D-Boxen wie in den Diagrammen dargestellt. Spiel die Skala in jeder Box dabei vom Grundton aus. Bist du bei der hohen E-Saite angekommen, spiel die Skala abwärts bis zur tiefen E-Saite und von dort wieder aufwärts bis zum Grundton. Merk dir für die äolische Skala die Kombination der Boxen mit den Pattern!

4.2 Licks und Jam-Track in Äolisch

Um die Patterns anzuwenden, folgt ein zweitaktiges Lick in D-Äolisch, das wir auch hier in jeder D-Box spielen. Versuch dir beim Spielen des Licks das jeweilige Pattern in jeder Box vor Augen zu führen. Das Lick fängt mit einem Dmin-Arpeggio an. Kannst du dieses in jedem Pattern sehen?

Lick 2 in Box 1

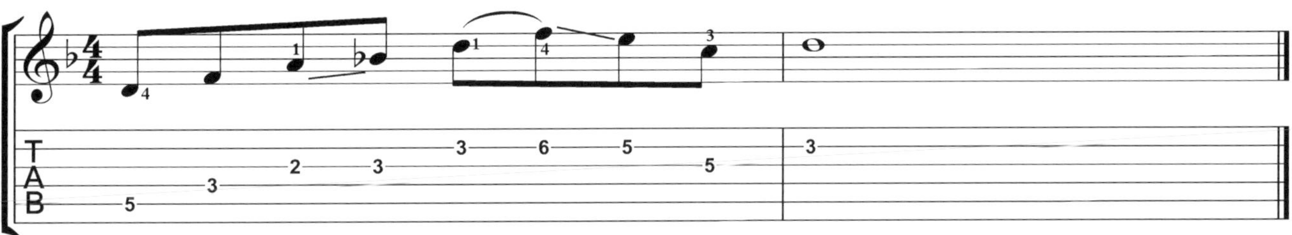

Lick 2 in Box 2

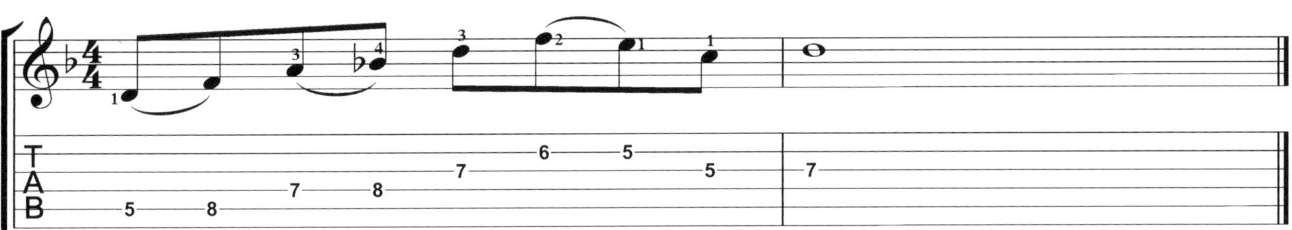

Lick 2 in Box 3

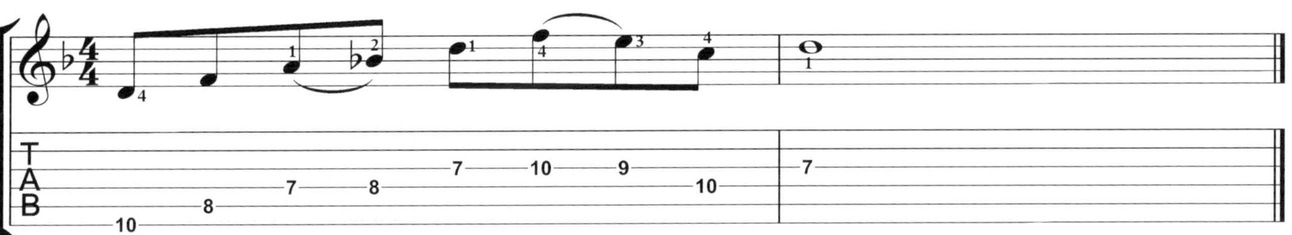

Lick 2 in Box 4

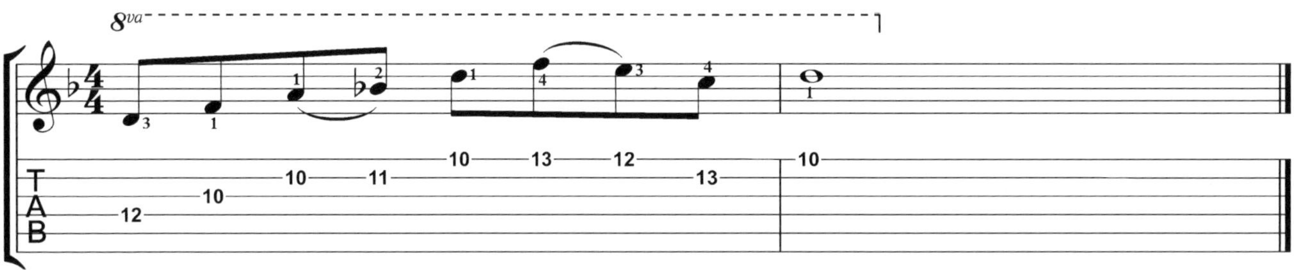

Lick 2 in Box 5

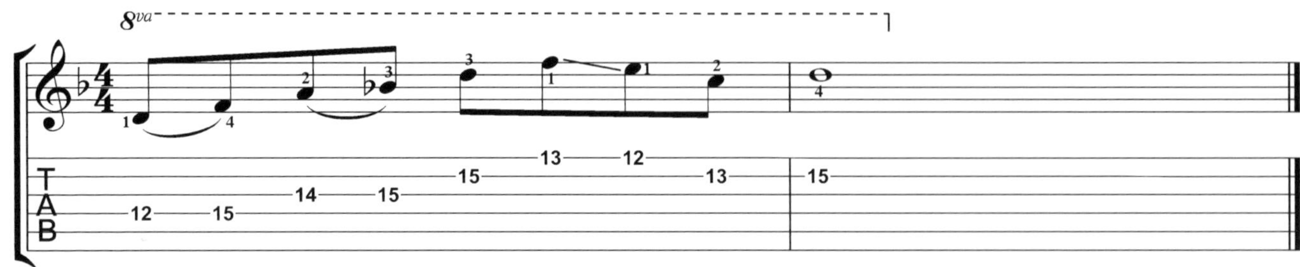

Der **JAM-TRACK 2** ist eine Soul-Akkordfolge in D-Moll. Du kannst über alle Akkorde mit D-Äolisch improvisieren. Kombiniere dabei alle fünf Boxen der äolischen Skala.

Viel Spaß!

JAM-TRACK 2

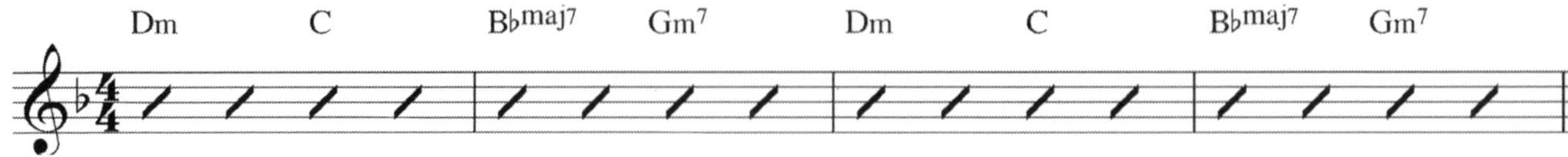

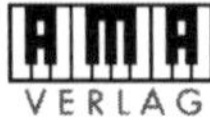

4.3 Kombinations-Übung

Wie bereits im Kapitel Ionisch wollen wir nun die äolische Skala in alle 12 möglichen Tonarten transponieren. Dafür bedienen wir uns erneut der Kombinations-Übung. Benutz hierfür die beiden Gefäße mit den Lage- und Grundton-Karten.

ÜBUNG!

1. Zieh aus beiden Gefäßen eine Karte. Du hast nun eine Lage auf dem Griffbrett sowie einen Grundton vor dir. Lokalisier in der Lage die Grundtonbox für den gezogenen Grundton. Wir befinden uns in diesem Kapitel in Äolisch. Das ist dein Starting-Point!

2. Spiel nun in der gezogenen Lage die äolische Skala für den gezogenen Grundton. Starte dabei immer vom Grundton aus.

3. Ändere nun den Grundton im Quintenzirkel und spiel für den neuen Grundton die äolische Skala. Bleib dabei in der gezogenen Lage.

4. Führ das Prinzip durch den ganzen Quintenzirkel fort, bis du wieder am Ausgangs-Grundton angelangt bist. Bleib dabei für alle 12 Grundtöne in der gezogenen Lage.

Quintenzirkel: C G D A E B F# C# Ab Eb Bb F

Glückwunsch zum Zweiten! Du hast mit der Kombinations-Übung in einer Lage alle zwölf möglichen ÄOLISCHEN SKALEN gespielt!

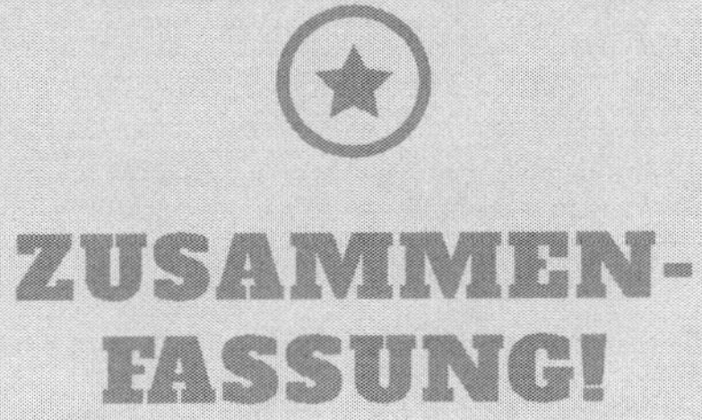

- Du hast den Aufbau der äolischen Skala verstanden.
- Du kennst die Beziehungen der fünf Grundtonboxen mit den fünf Patterns für die äolische Skala und kannst mithilfe dieser gelernten Beziehungen von jedem Grundton aus in jeder Lage die äolische Skala spielen.
- Du kannst über eine beliebige Akkordfolge in allen fünf äolischen Patterns improvisieren.

Kapitel 5 – Mixolydisch

5.1 Darstellung der Skala

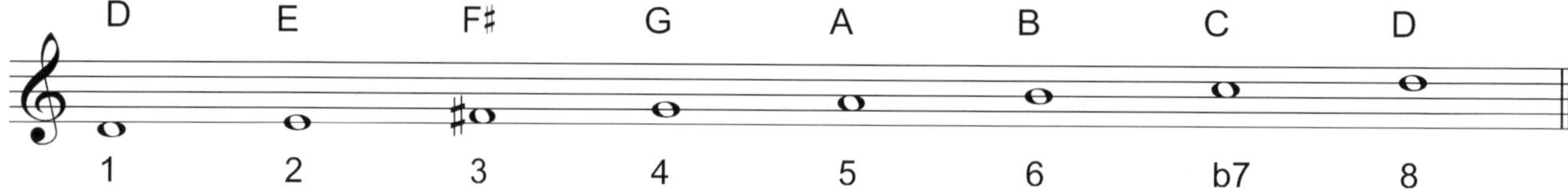

Als dritte Skala wollen wir die mixolydische Skala erarbeiten. Auch hier müssen wir jeder Grundtonbox eines der fünf Patterns zuordnen, um für jede Box vom Grundton aus die mixolydische Skala zu erhalten. Mixolydisch ist tief verwurzelt in Blues-, Country- und Jazz-Tonalitäten, somit also eine Skala, die man definitiv zu den Grundlagen zählen muss.

Um in jeder der fünf Grundtonboxen von D die D-Mixo Skala zu bekommen, füllen wir die Boxen mit folgenden Patterns auf:

Box 1 + Pattern 2 = Mixolydisch
Spielst du in Box 1 das Pattern 2, so ergibt sich für den Grundton die mixolydische Skala.

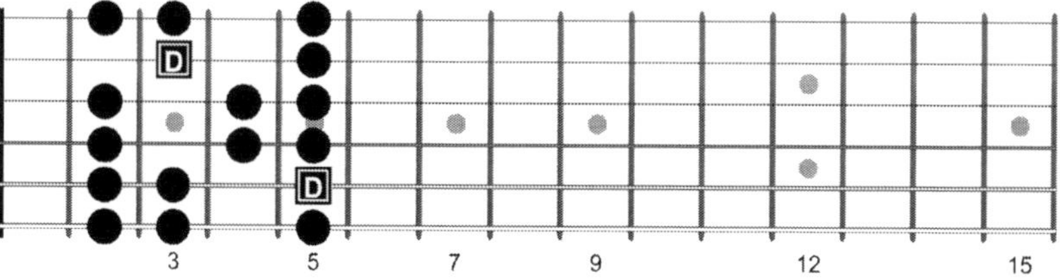

Box 2 + Pattern 3 = Mixolydisch
Spielst du in Box 2 das Pattern 3, so ergibt sich für den Grundton die mixolydische Skala.

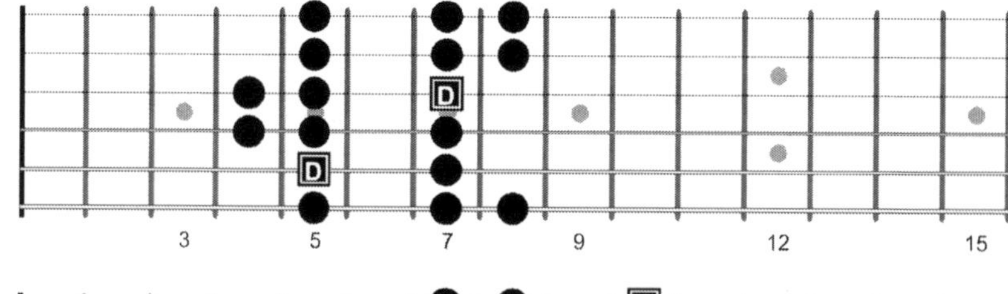

Box 3 + Pattern 4 = Mixolydisch
Spielst du in Box 3 das Pattern 4, so ergibt sich für den Grundton die mixolydische Skala.

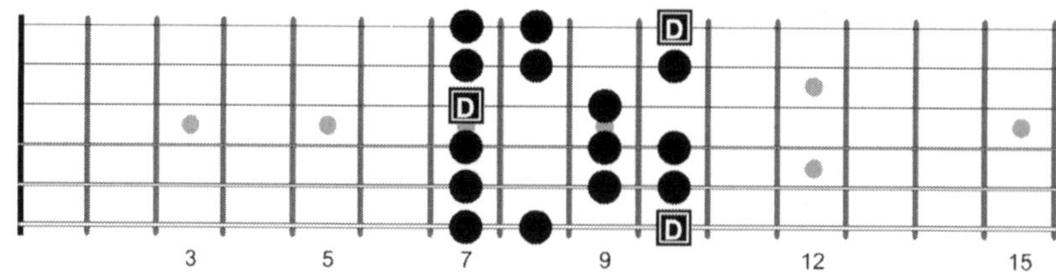

Box 4 + Pattern 5 = Mixolydisch
Spielst du in Box 4 das Pattern 5, so ergibt sich für den Grundton die mixolydische Skala.

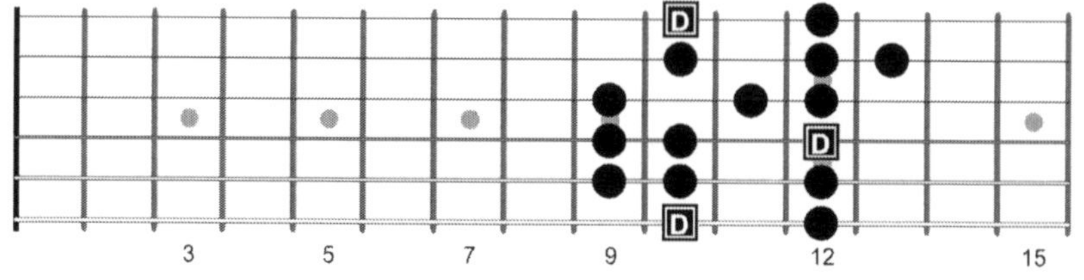

Box 5 + Pattern 1 = Mixolydisch
Spielst du in Box 5 das Pattern 1, so ergibt sich für den Grundton die mixolydische Skala.

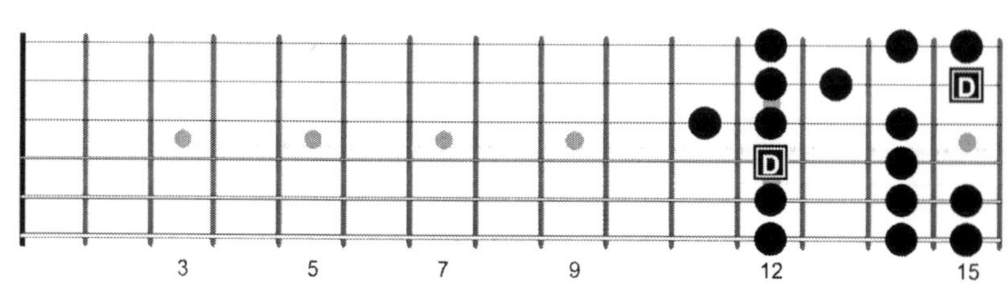

AUFGABE!

Spiel D-Mixolydisch in jeder der fünf D-Boxen wie in den Diagrammen dargestellt. Spiel die Skala in jeder Box dabei vom Grundton aus. Bist du bei der hohen E-Saite angekommen, spiel die Skala abwärts bis zur tiefen E-Saite und von dort wieder aufwärts bis zum Grundton. Merk dir für die mixolydische Skala die Kombination der Boxen mit den Pattern!

5.2 Licks und Jam-Track in Mixolydisch

Auf geht's mit Lick 3 in Mixolydisch! Dieses spielen wir in jeder Box. Du solltest vor dem Spielen des Licks das jeweilige Pattern vor Augen haben und den Auszug des Licks darin erkennen.
Das Lick ist sehr bluesy und kann geshuffled werden.

Lick 3 in Box 1

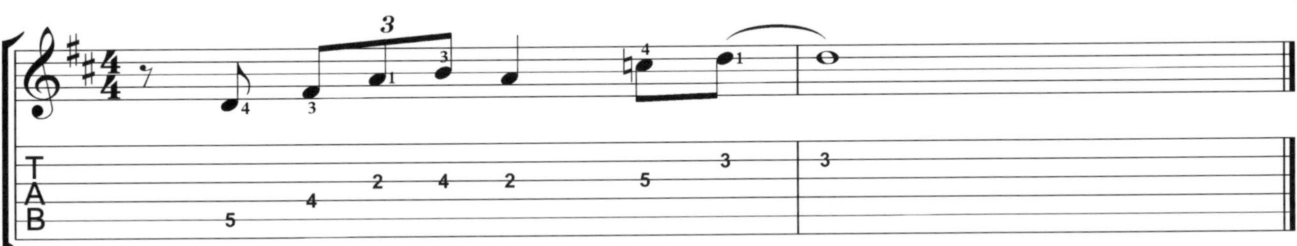

Lick 3 in Box 2

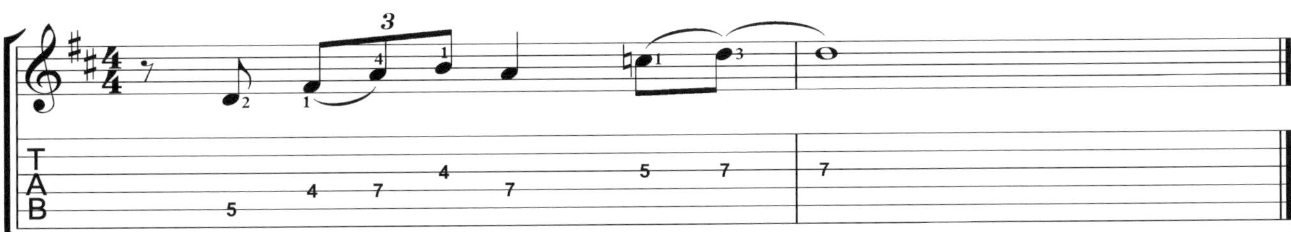

Lick 3 in Box 3

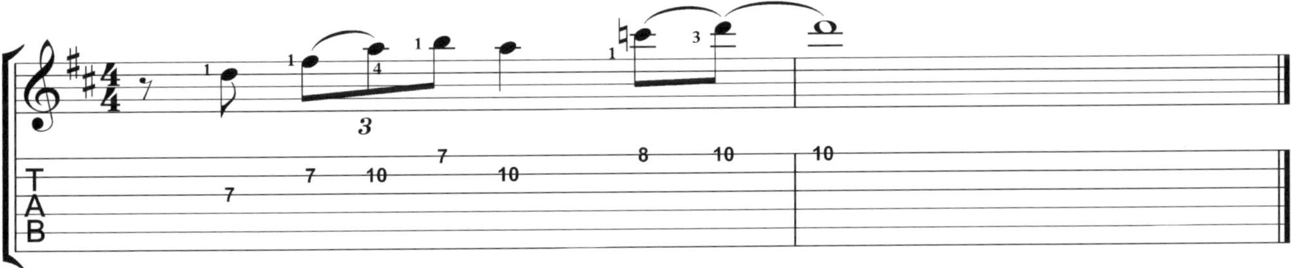

Lick 3 in Box 4

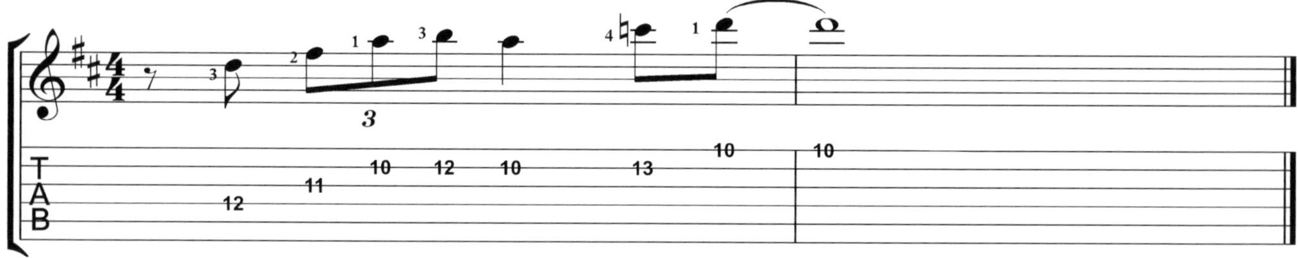

Lick 3 in Box 5

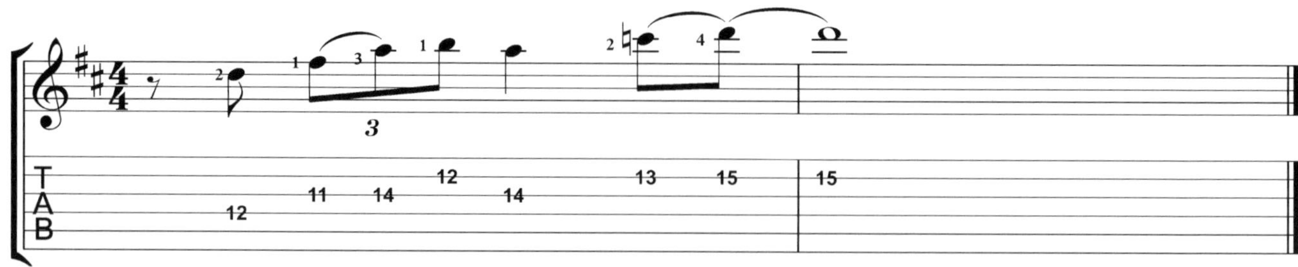

Der **JAM-TRACK 3** ist eine Country-Rock-Akkordfolge in D-Mixolydisch. Du kannst über alle Akkorde in D-Mixolydisch improvisieren. Spiel die Mixolydische Skala in allen fünf Boxen von D.

Viel Spaß!

JAM-TRACK 3

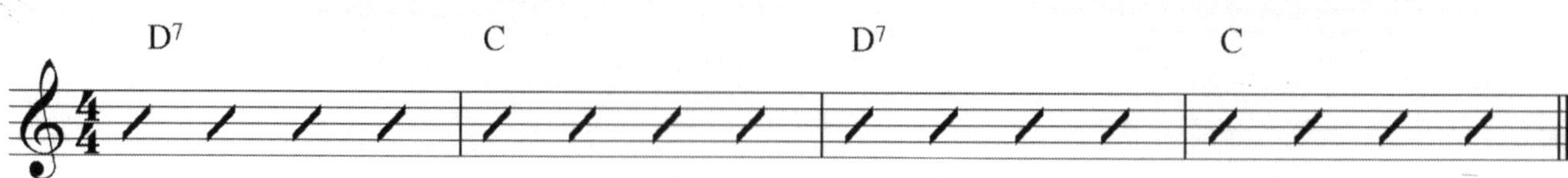

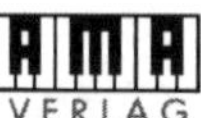

5.3 Kombinations-Übung

Die Kombinations-Übung wird dir, wie bereits angekündigt, für jede neue Skala über den Weg laufen. Benutz hierfür wieder die beiden Gefäße mit den Lage- und Grundton-Karten und spiel in der gleichen Lage alle 12 möglichen mixolydischen Skalen.

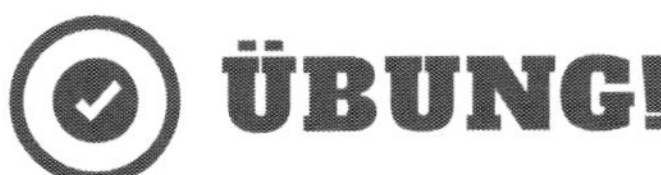

1. Zieh aus beiden Gefäßen eine Karte. Du hast nun eine Lage auf dem Griffbrett sowie einen Grundton vor dir. Lokalisier in der Lage die Grundtonbox für den gezogenen Grundton. Wir befinden uns in diesem Kapitel in Mixolydisch. Das ist dein Starting-Point!

2. Spiel nun in der gezogenen Lage die mixolydische Skala für den gezogenen Grundton. Starte dabei immer vom Grundton aus.

3. Ändere nun den Grundton im Quintenzirkel und spiel für den neuen Grundton die mixolydische Skala. Bleib dabei in der gezogenen Lage.

4. Führ das Prinzip durch den ganzen Quintenzirkel fort, bis du wieder am Ausgangs-Grundton angelangt bist. Bleib dabei für alle 12 Grundtöne in der gezogenen Lage.

Quintenzirkel: C G D A E B F# C# Ab Eb Bb F

Du hast mit der Kombinations-Übung in einer Lage alle 12 möglichen MIXOLYDISCHEN SKALEN gespielt!

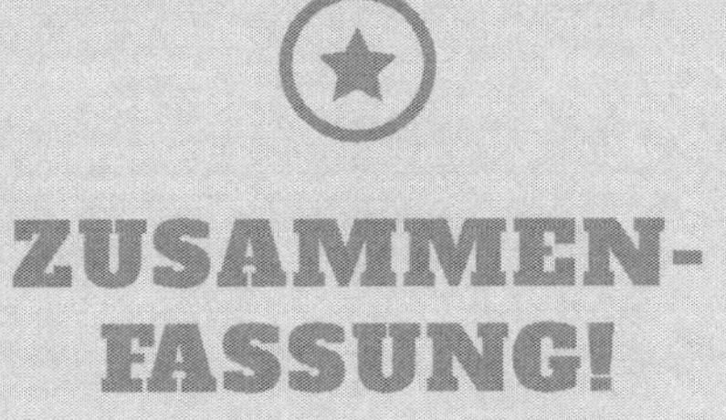

- Du hast den Aufbau der mixolydischen Skala verstanden.
- Du kennst die Beziehungen der fünf Grundtonboxen mit den fünf Patterns für die mixolydische Skala und kannst mithilfe dieser gelernten Beziehungen von jedem Grundton aus in jeder Lage die mixolydische Skala spielen.
- Du kannst über eine beliebige Akkordfolge in allen fünf mixolydischen Patterns improvisieren.

Kapitel 6 – Dorisch

6.1 Darstellung der Skala

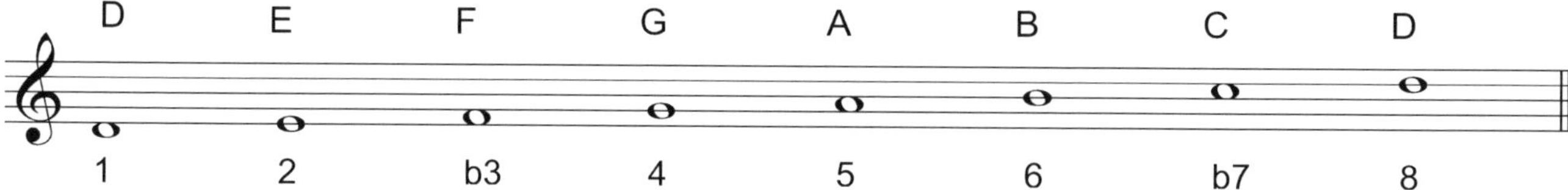

Weiter geht es mit der dorischen Skala. Auch hier müssen wir jeder Grundtonbox eines der fünf Patterns zuordnen, um für jede Box vom Grundton aus die dorische Skala zu erhalten. Der dorische Sound ist ein sehr offener Moll-Sound. Die Tonalität ist häufig im Modal Jazz, Pop, Latin, Soul und Blues zu finden.

Um in jeder der fünf Grundtonboxen von D die D-dorische Skala zu bekommen, füllen wir die Boxen wie folgt mit diesen Patterns auf:

Box 1 + Pattern 5 = Dorisch
Spielst du in Box 1 das Pattern 5, so ergibt sich für den Grundton die dorische Skala.

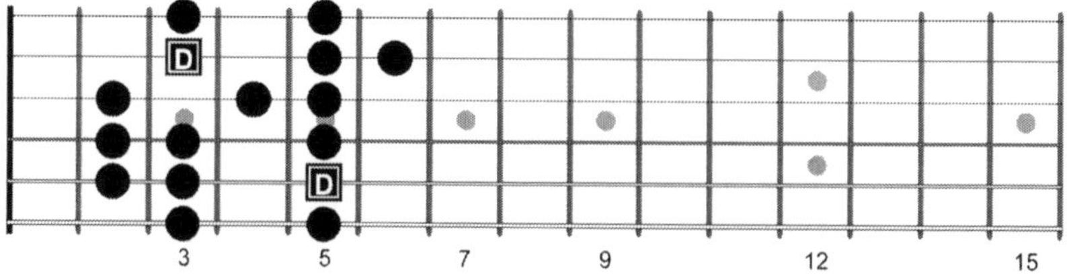

Box 2 + Pattern 1 = Dorisch
Spielst du in Box 2 das Pattern 1, so ergibt sich für den Grundton die dorische Skala.

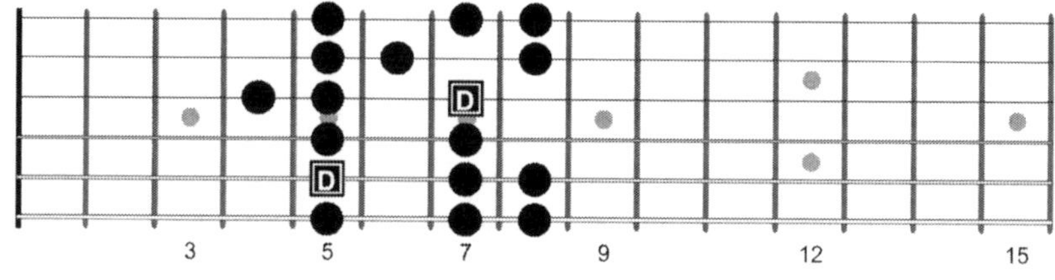

Box 3 + Pattern 2 = Dorisch
Spielst du in Box 3 das Pattern 2, so ergibt sich für den Grundton die dorische Skala.

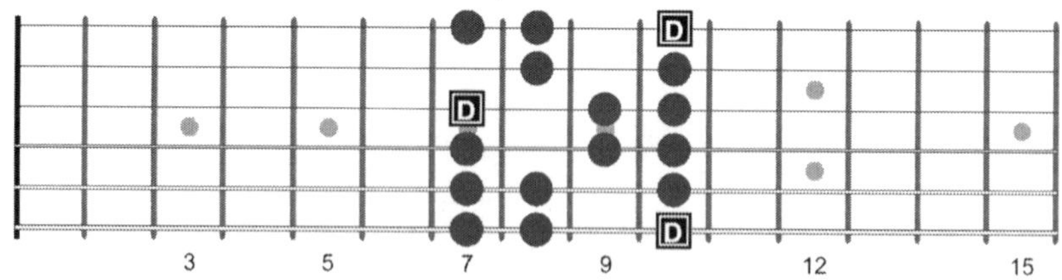

Box 4 + Pattern 3 = Dorisch
Spielst du in Box 4 das Pattern 3, so ergibt sich für den Grundton die dorische Skala.

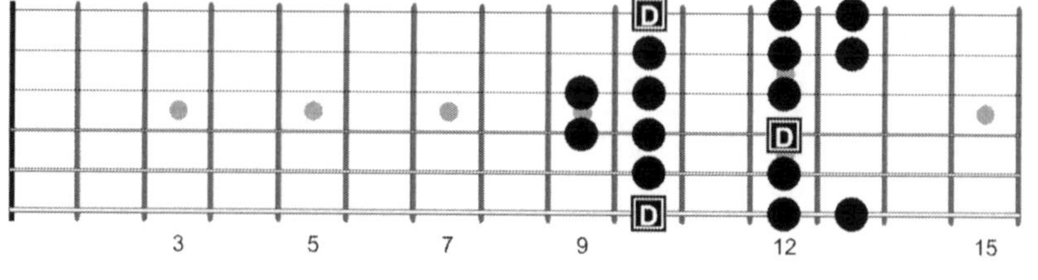

Box 5 + Pattern 4 = Dorisch
Spielst du in Box 5 das Pattern 4, so ergibt sich für den Grundton die dorische Skala.

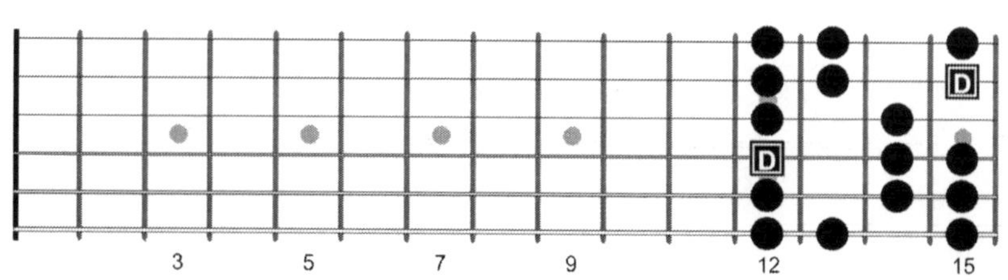

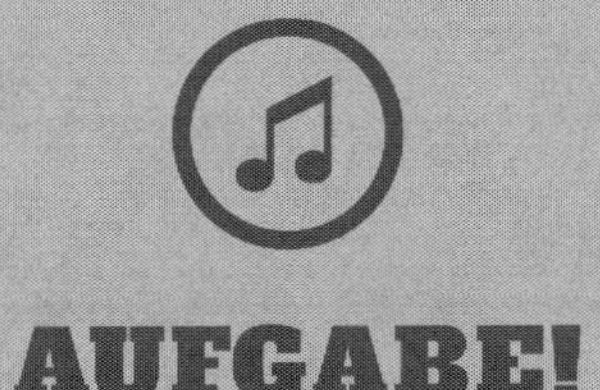

Spiel D-Dorisch in jeder der fünf D-Boxen wie in den Diagrammen dargestellt. Spiel die Skala in jeder Box dabei vom Grundton aus. Bist du bei der hohen E-Saite angekommen, spiel die Skala abwärts bis zur tiefen E-Saite und von dort wieder aufwärts bis zum Grundton. Merk dir für die dorische Skala die Kombination der Boxen mit den Pattern!

6.2 Licks und Jam-Track in Dorisch

Wie es mittlerweile ja Routine ist, folgt zur Anwendung ein Lick in Dorisch, das wir in jeder D-Box spielen. Erkenne beim Spielen des Licks jeweils das gesamte Pattern.

Lick 4 in Box 1

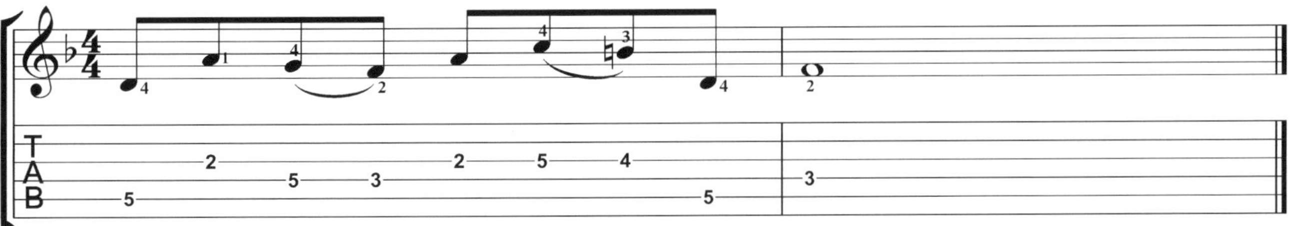

Lick 4 in Box 2

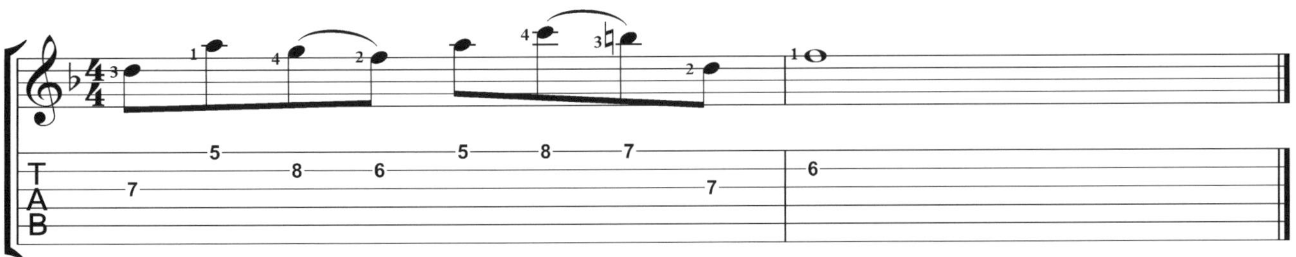

Lick 4 in Box 3

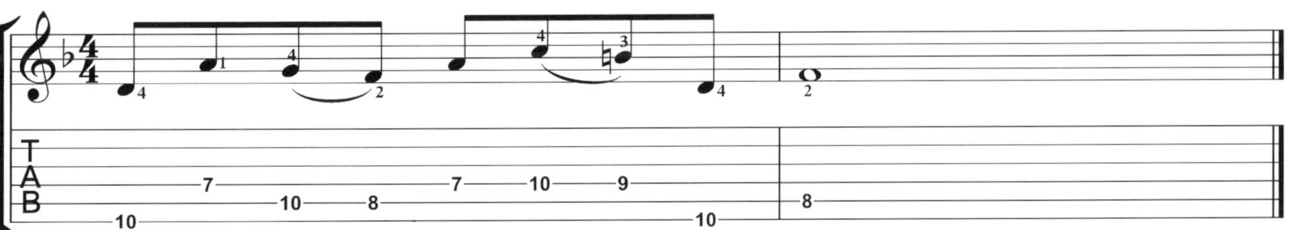

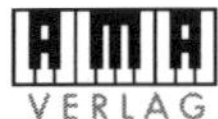

Lick 4 in Box 4

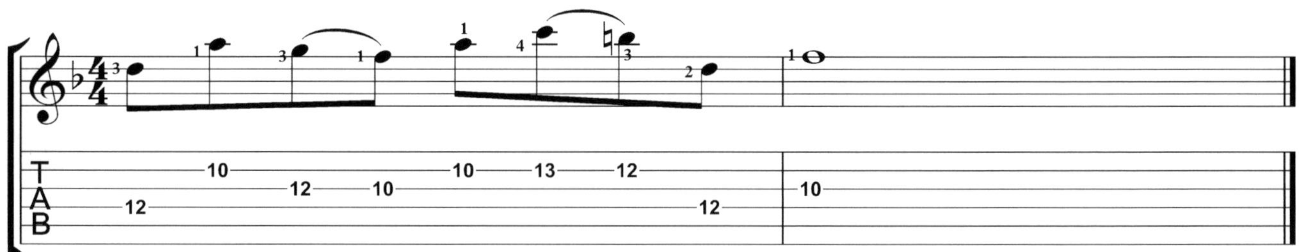

Lick 4 in Box 5

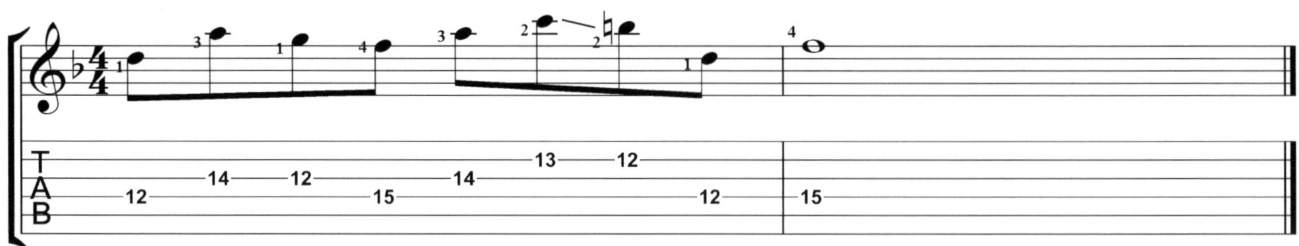

Der **JAM-TRACK 4** ist eine Akkordfolge in D-Dorisch im Latin-Bossa-Nova-Stil. Du kannst über alle Akkorde in D-Dorisch improvisieren. Verwende die dorische Skala in allen Boxen von D.

Viel Spaß!

JAM-TRACK 4

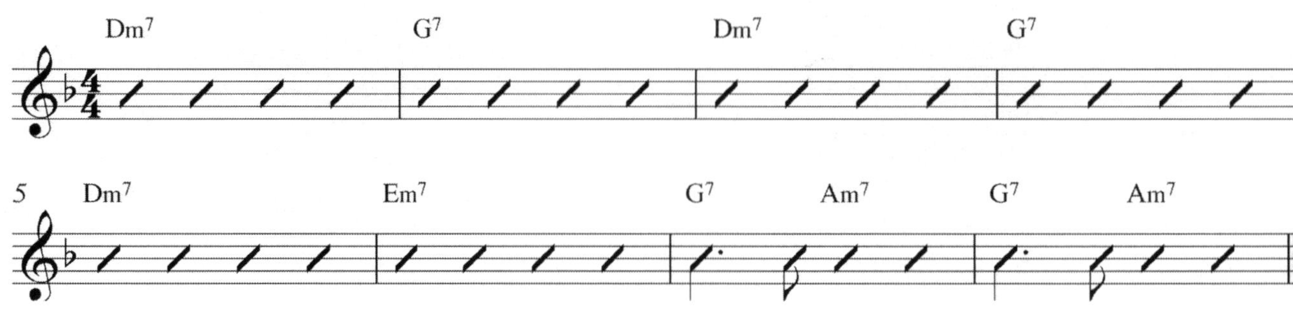

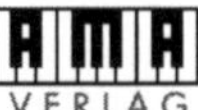

6.3 Kombinations-Übung

Mittlerweile weißt du ja, was dich als nächste Aufgabe erwartet: Die altbewährte Kombinations-Übung. Raus mit den Lage- und Grundton-Karten und einmal alle 12 dorischen Skalen abfeuern!

ÜBUNG!

1. Zieh aus beiden Gefäßen eine Karte. Du hast nun eine Lage auf dem Griffbrett sowie einen Grundton vor dir. Lokalisier in der Lage die Grundtonbox für den gezogenen Grundton. Wir befinden uns in diesem Kapitel in Dorisch. Das ist dein Starting-Point!

2. Spiel nun in der gezogenen Lage die dorische Skala für den gezogenen Grundton. Starte dabei immer vom Grundton aus.

3. Ändere nun den Grundton im Quintenzirkel und spiel für den neuen Grundton die dorische Skala. Bleib dabei in der gezogenen Lage.

4. Führ das Prinzip durch den ganzen Quintenzirkel fort, bis du wieder am Ausgangs-Grundton angelangt bist. Bleib dabei für alle 12 Grundtöne in der gezogenen Lage.

Quintenzirkel: C G D A E B F# C# Ab Eb Bb F

Du hast mit der Kombinations-Übung in einer Lage alle 12 möglichen DORISCHEN SKALEN gespielt!

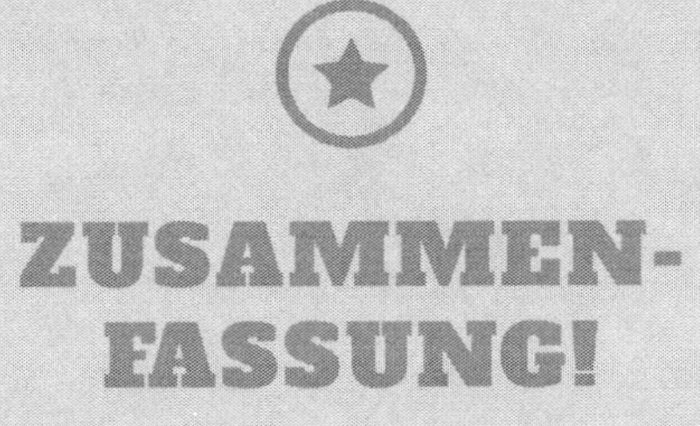

- Du hast den Aufbau der dorischen Skala verstanden.
- Du kennst die Beziehungen der fünf Grundtonboxen mit den fünf Patterns für die dorische Skala und kannst mithilfe dieser gelernten Beziehungen von jedem Grundton aus in jeder Lage die dorische Skala spielen.
- Du kannst über eine beliebige Akkordfolge in allen fünf dorischen Patterns improvisieren.

Kapitel 7 – Lydisch

7.1 Darstellung der Skala

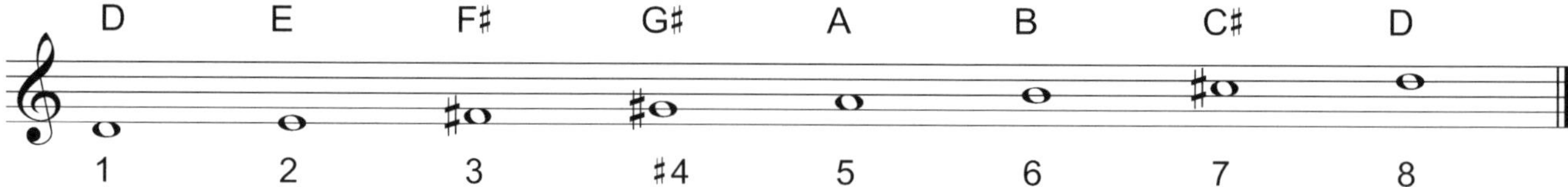

Auch für die lydische Skala müssen wir jeder Grundtonbox eines der fünf Patterns zuordnen, damit in jeder Box vom Grundton aus Lydisch entsteht. Die Maj7-Skala ist im Aufbau die natürlichste der sieben Kirchentonleitern und hat demnach auch einen sehr angenehm offenen Sound.

Für die fünf Boxen in D sieht die Verteilung der Patterns wie folgt aus:

Box 1 + Pattern 1 = Lydisch
Spielst du in Box 1 das Pattern 1, so ergibt sich für den Grundton die lydische Skala.

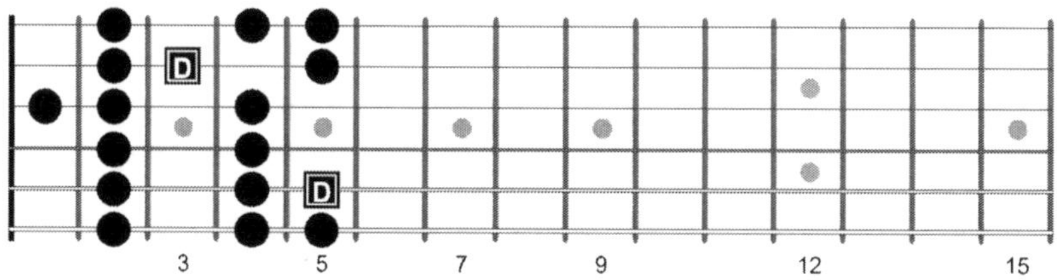

Box 2 + Pattern 2 = Lydisch
Spielst du in Box 2 das Pattern 2, so ergibt sich für den Grundton die lydische Skala.

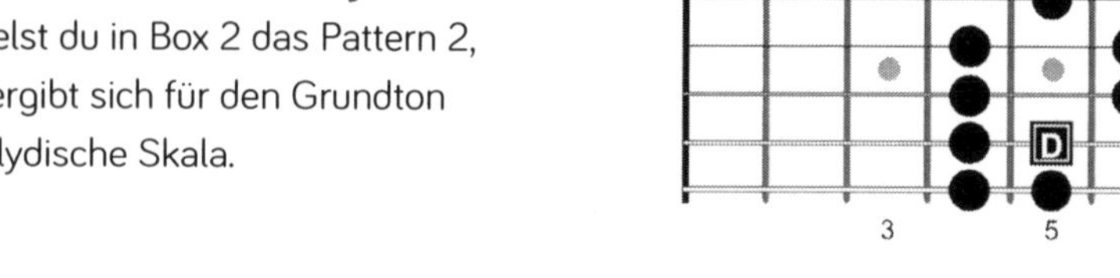

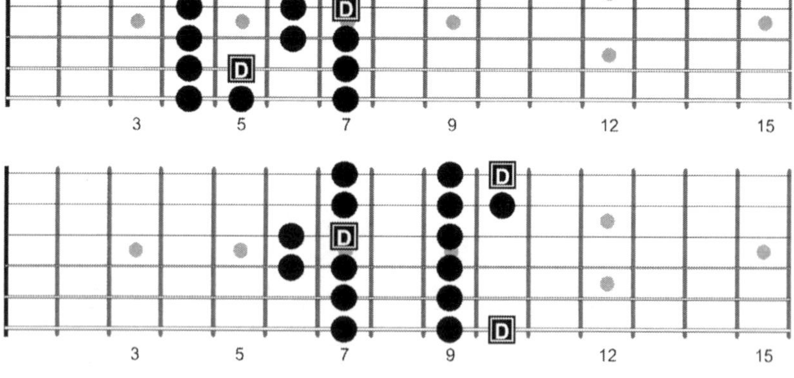

Box 3 + Pattern 3 = Lydisch
Spielst du in Box 3 das Pattern 3, so ergibt sich für den Grundton die lydische Skala.

Box 4 + Pattern 4 = Lydisch
Spielst du in Box 4 das W4, so ergibt sich für den Grundton die lydische Skala.

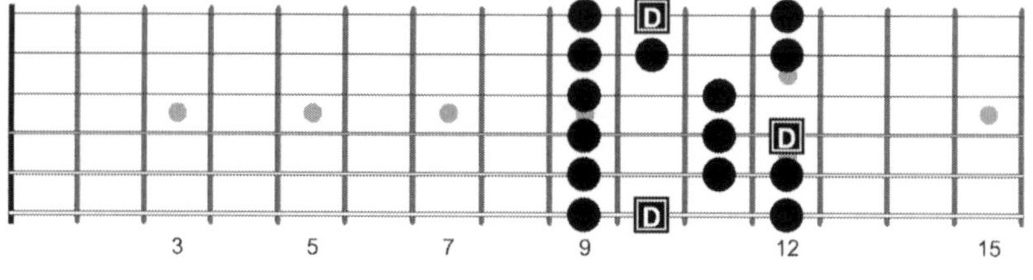

Box 5 + Pattern 5 = Lydisch
Spielst du in Box 5 das Pattern 5, so ergibt sich für den Grundton die lydische Skala.

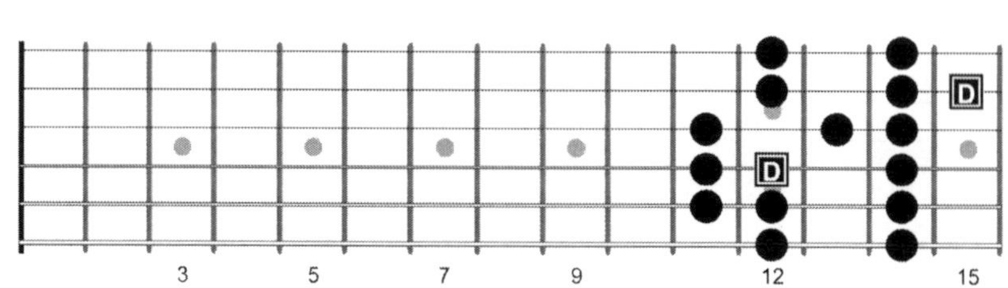

Spiel D-Lydisch in jeder der fünf D-Boxen wie in den Diagrammen dargestellt. Spiel die Skala in jeder Box dabei vom Grundton aus. Bist du bei der hohen E-Saite angekommen, spiel die Skala abwärts bis zur tiefen E-Saite und von dort wieder aufwärts bis zum Grundton. Merk dir für die lydische Skala die Kombination der Boxen mit den Pattern!

7.2 Licks und Jam-Track in Lydisch

Wir wenden die fünf lydischen Patterns direkt an und spielen damit Lick 5! Konzentrier dich dabei auf die #11 in der Skala. Der Sound ist sehr erfrischend. Habe die Position der #11 in allen Patterns vor Augen.

Lick 5 in Box 1

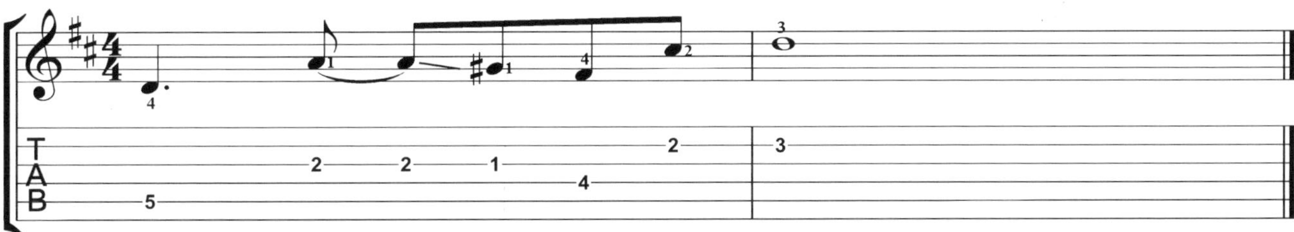

Lick 5 in Box 2

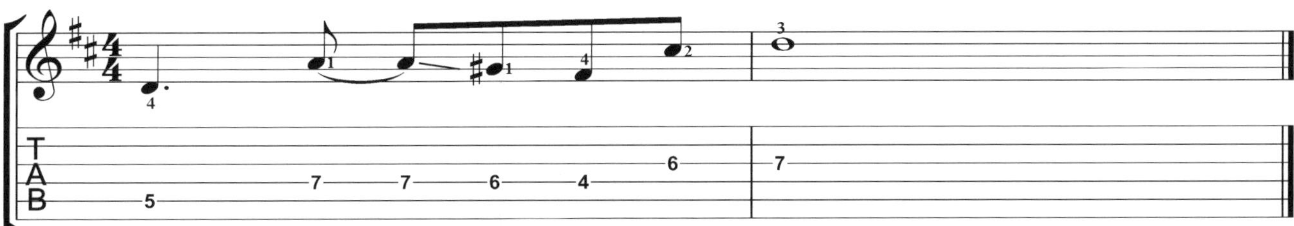

Lick 5 in Box 3

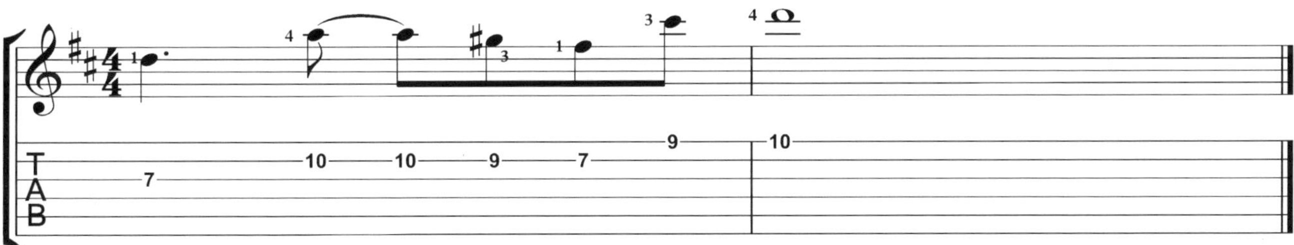

Lick 5 in Box 4

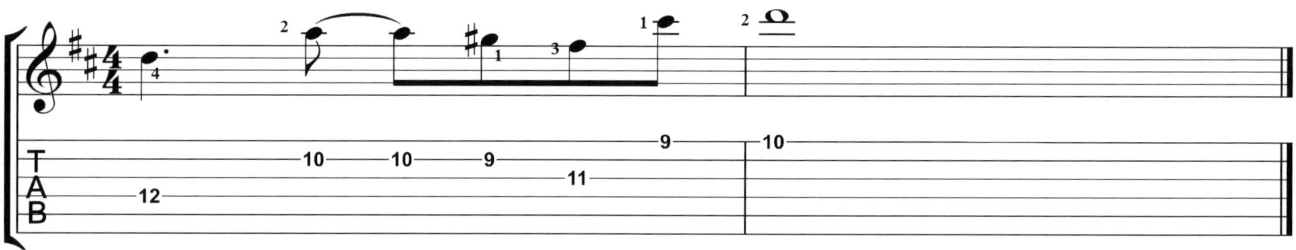

Lick 5 in Box 5

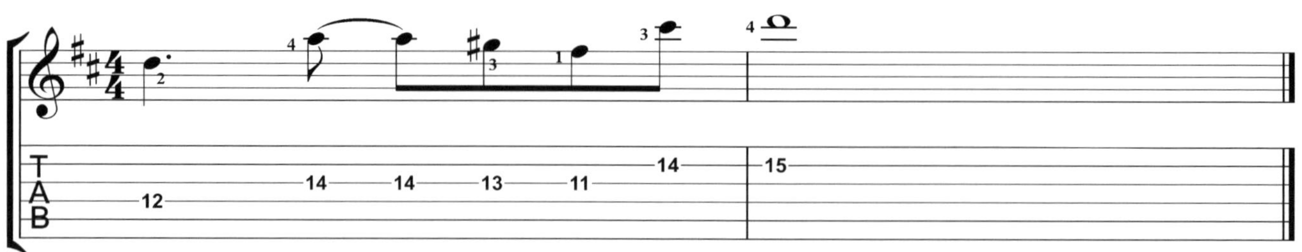

Der **JAM-TRACK 5** ist eine lydische Ballade im 6/8-Takt. Du kannst über alle Akkorde in D-Lydisch improvisieren. Benutz die lydische Skala kreativ in allen fünf Boxen von D.

Viel Spaß!

JAM-TRACK 5

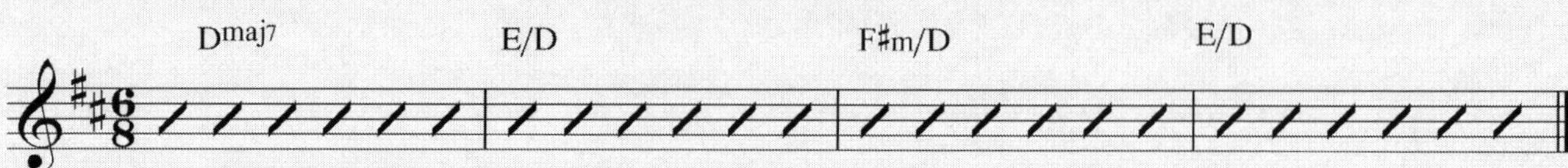

7.3 Kombinations-Übung

In einer Lage alle 12 möglichen lydischen Skalen beherrschen? Du weißt ja, wie es geht!

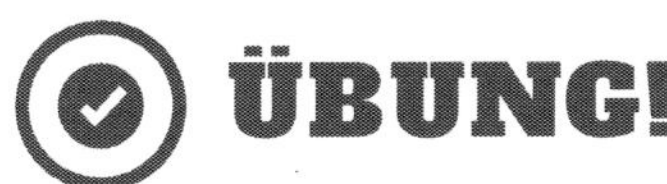

1. Zieh aus beiden Gefäßen eine Karte. Du hast nun eine Lage auf dem Griffbrett sowie einen Grundton vor dir. Lokalisier in der Lage die Grundtonbox für den gezogenen Grundton. Wir befinden uns in diesem Kapitel in Lydisch. Das ist dein Starting-Point!

2. Spiel nun in der gezogenen Lage die lydische Skala für den gezogenen Grundton. Starte dabei immer vom Grundton aus.

3. Ändere nun den Grundton im Quintenzirkel und spiel für den neuen Grundton die lydische Skala. Bleib dabei in der gezogenen Lage.

4. Führ das Prinzip durch den ganzen Quintenzirkel fort, bis du wieder am Ausgangs-Grundton angelangt bist. Bleib dabei für alle 12 Grundtöne in der gezogenen Lage.

Quintenzirkel: C G D A E B F# C# Ab Eb Bb F

Du hast mit der Kombinations-Übung in einer Lage alle 12 möglichen LYDISCHEN SKALEN gespielt!

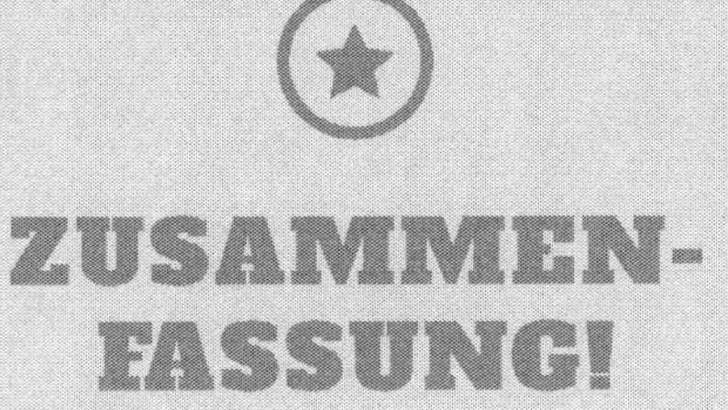

- Du hast den Aufbau der lydischen Skala verstanden.
- Du kennst die Beziehungen der fünf Grundtonboxen mit den fünf Patterns für die lydische Skala und kannst mithilfe dieser gelernten Beziehungen von jedem Grundton aus in jeder Lage die lydische Skala spielen.
- Du kannst über eine beliebige Akkordfolge in allen fünf lydischen Patterns improvisieren.

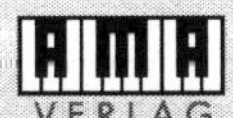

Kapitel 8 – Phrygisch

8.1 Darstellung der Skala

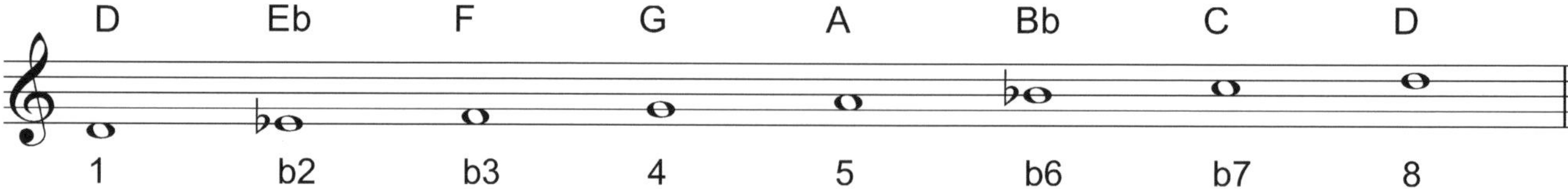

Die phrygische Skala ist eine sehr dunkel anmutende Moll-Skala, die automatisch an einen spanischen, flamenco-artigen Sound erinnert. Die Kombination der Boxen und Patterns, mit der du für den jeweiligen Grundton die phrygische Skala erhältst, ist die gleiche wie die der lydischen Skala. Allerdings um einen Halbton nach oben versetzt. Man merke sich für die phrygische Skala das b2-Intervall vom Grundton aus, um das Griffbild schneller zu erkennen.

(v) = versetzt

Box 1 + Pattern 1(v) = Phrygisch
Spielst du in Box 1 das Pattern 1, so ergibt sich für den Grundton die phrygische Skala.

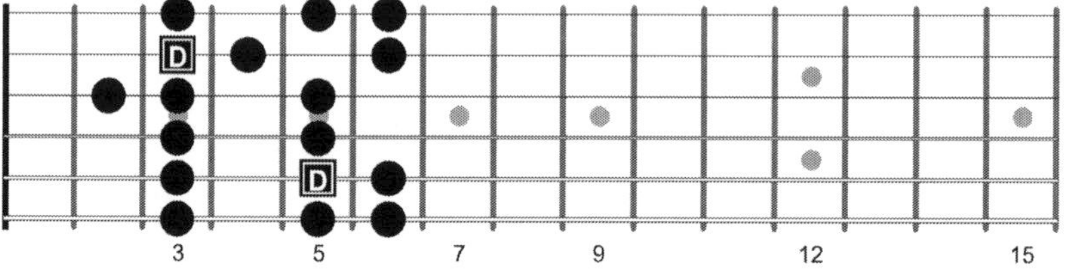

Box 2 + Pattern 2(v) = Phrygisch
Spielst du in Box 2 das Pattern 2, so ergibt sich für den Grundton die phrygische Skala.

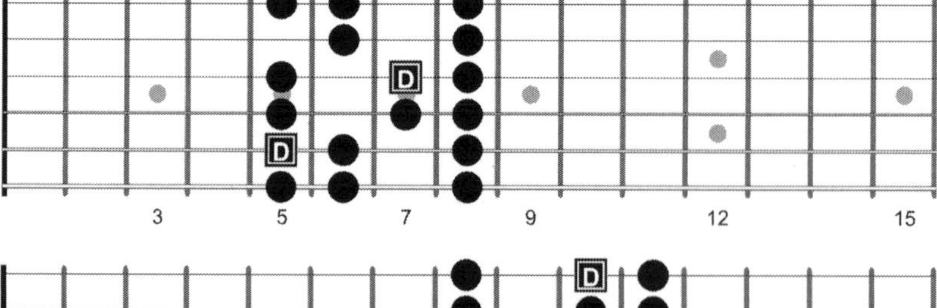

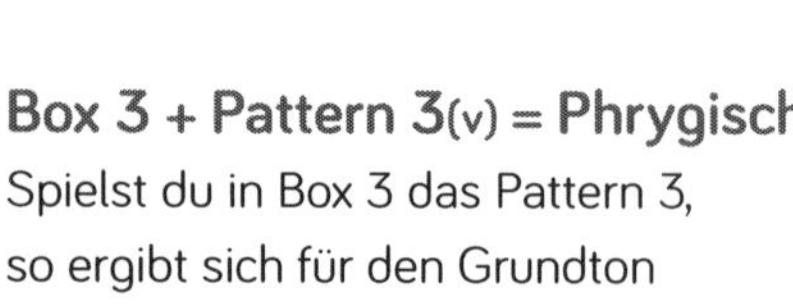

Box 3 + Pattern 3(v) = Phrygisch
Spielst du in Box 3 das Pattern 3, so ergibt sich für den Grundton die phrygische Skala.

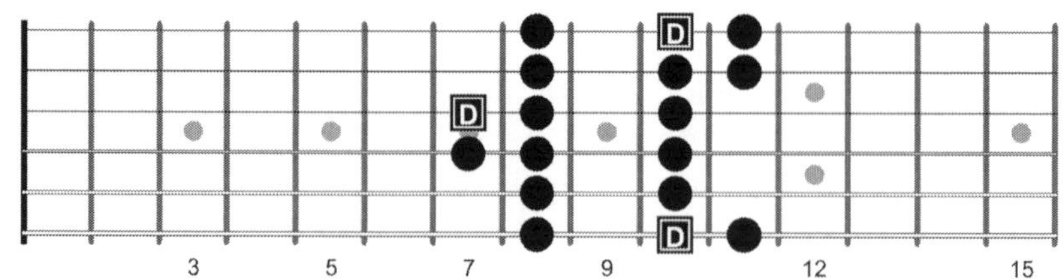

Box 4 + Pattern 4(v) = Phrygisch
Spielst du in Box 4 das Pattern 4, so ergibt sich für den Grundton die phrygische Skala.

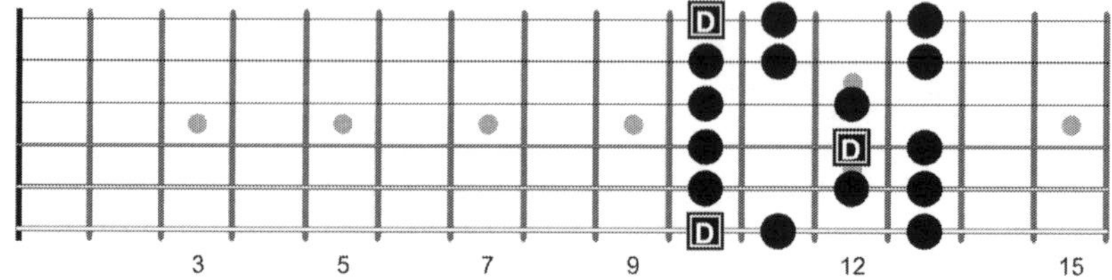

Box 5 + Pattern 5(v) = Phrygisch
Spielst du in Box 5 das Pattern 5, so ergibt sich für den Grundton die phrygische Skala.

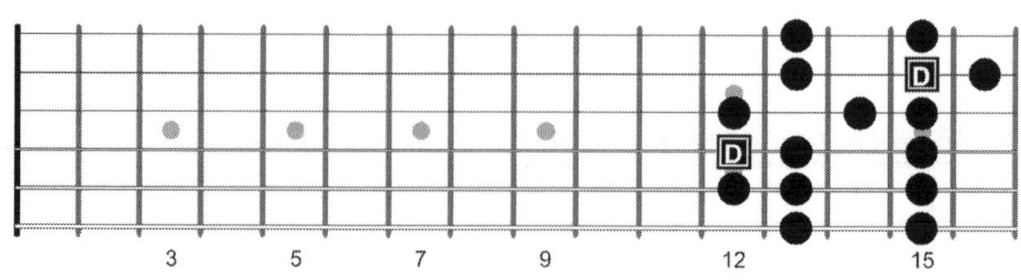

Spiel D-Phrygisch in jeder der fünf D-Boxen wie in den Diagrammen dargestellt. Spiel die Skala in jeder Box dabei vom Grundton aus. Bist du bei der hohen E-Saite angekommen, spiel die Skala aufwärts bis zur tiefen E-Saite und von dort wieder abwärts bis zum Grundton. Merk dir für die phrygische Skala die Kombination der Boxen mit den Pattern!

8.2 Licks und Jam-Track in Phrygisch

Versuch beim Spielen der Licks, die um einen Halbton versetzten Patterns der bereits gelernten lydischen Skala zu erkennen. Orientiere dich dafür jeweils am b2-Intervall vom Grundton aus.

Lick 6 in Box 1

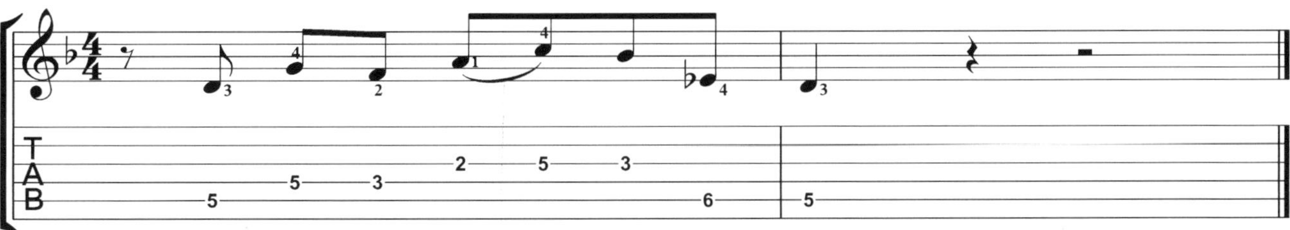

Lick 6 in Box 2

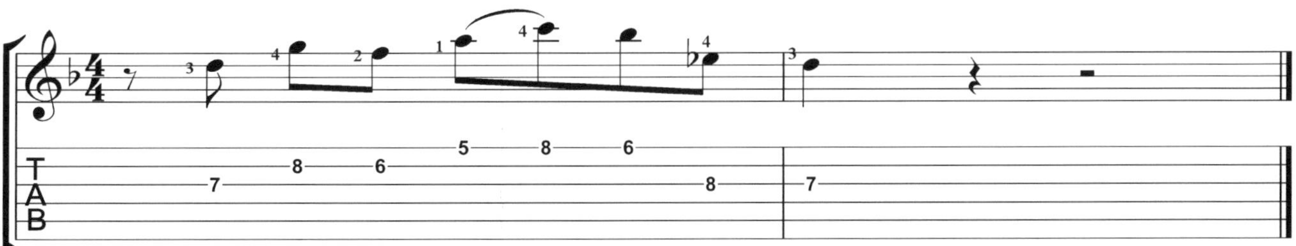

Lick 6 in Box 3

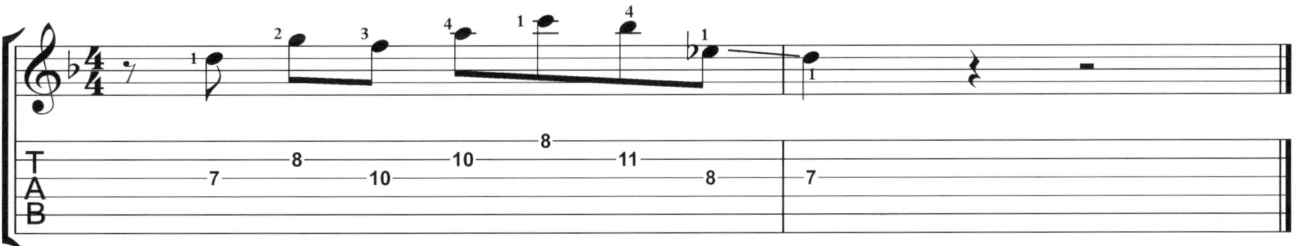

Lick 6 in Box 4

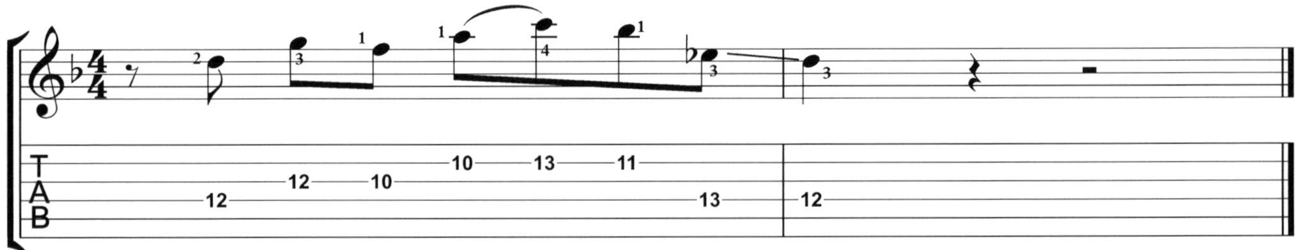

Lick 6 in Box 5

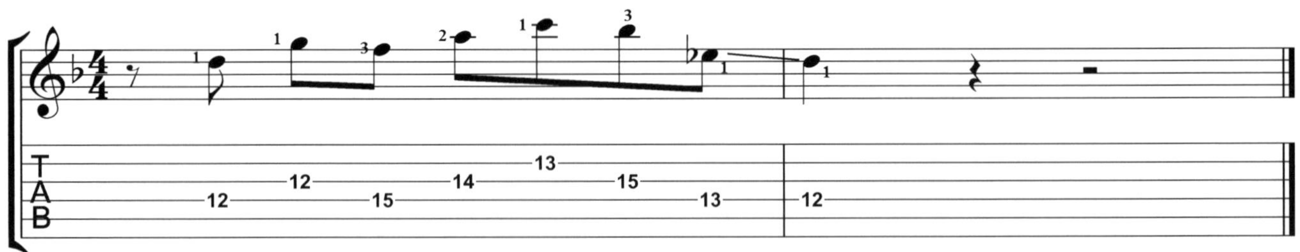

Der **JAM-TRACK 6** ist eine typische Akkordfolge in Phrygisch. Die Kadenz I-Moll nach bII-Dur bringt den phrygischen Sound. Wir tauchen kurz in den Heavy Metal ein! Du kannst über alle Akkorde in D-Phrygisch improvisieren. Experimentier mit dem markanten b2-Intervall vom Grundton aus in allen fünf Boxen.

Viel Spaß!

JAM-TRACK 6

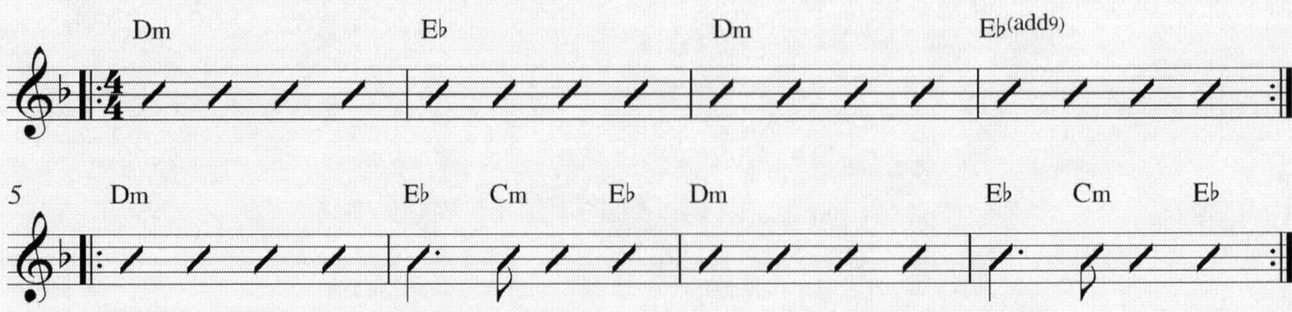

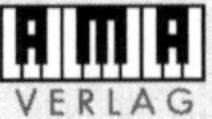

8.3 Kombinations-Übung

Wir transferieren wieder vom Ton D auf alle 12 Grundtöne. Auf geht's in das phrygische Land und zwar alles in einer Lage. Viel Erfolg!

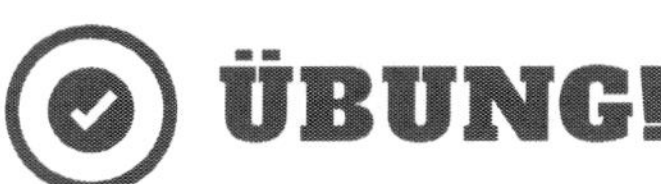

1. Zieh aus beiden Gefäßen eine Karte. Du hast nun eine Lage auf dem Griffbrett sowie einen Grundton vor dir. Lokalisier in der Lage die Grundtonbox für den gezogenen Grundton. Wir befinden uns in diesem Kapitel in Phrygisch. Das ist dein Starting-Point!

2. Spiel nun in der gezogenen Lage die phrygische Skala für den gezogenen Grundton. Starte dabei immer vom Grundton aus.

3. Ändere nun den Grundton im Quintenzirkel und spiel für den neuen Grundton die phrygische Skala. Bleib dabei in der gezogenen Lage.

4. Führ das Prinzip durch den ganzen Quintenzirkel fort, bis du wieder am Ausgangs-Grundton angelangt bist. Bleib dabei für alle 12 Grundtöne in der gezogenen Lage.

Quintenzirkel: C G D A E B F# C# Ab Eb Bb F

Du hast mit der Kombinations-Übung in einer Lage alle 12 möglichen PHRYGISCHEN SKALEN gespielt!

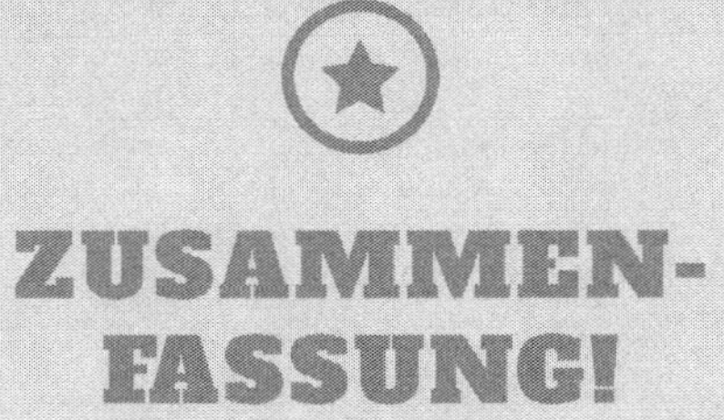

- Du hast den Aufbau der phrygischen Skala verstanden.
- Du kennst die Beziehungen der fünf Grundtonboxen mit den fünf Patterns für die phrygische Skala und kannst mithilfe dieser gelernten Beziehungen von jedem Grundton aus in jeder Lage die phrygische Skala spielen.
- Du kannst über eine beliebige Akkordfolge in allen fünf phrygischen Patterns improvisieren.

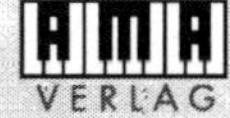

Kapitel 9 – Lokrisch

9.1 Darstellung der Skala

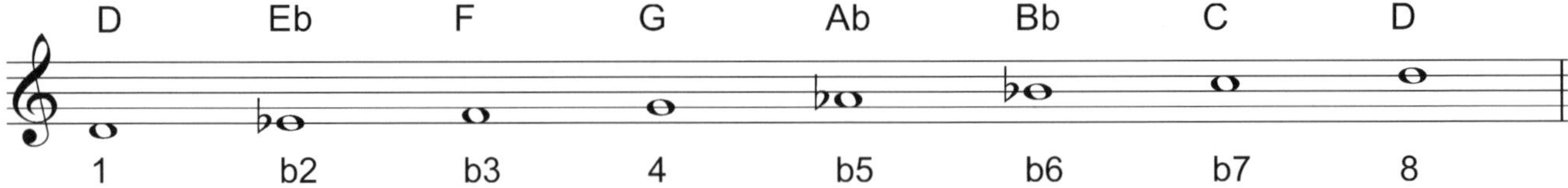

Die lokrische Skala ist die Dunkelste der Skalen des ionischen Systems. Aufgrund der verminderten Quinte ist sie sehr unstabil und kann als einzige der sieben Skalen des ionischen Systems keine eigene Tonart repräsentieren. Sie wird ausschließlich als Akkord-Skala für den min7/b5-Akkord benutzt.
Die Kombination der Boxen und Patterns für die lokrische Skala ist die gleiche wie die der ionischen Skala. Allerdings um einen Halbton nach oben versetzt. Man merke sich für die lokrische Skala das b2-Intervall vom Grundton aus, um das Griffbild schneller zu erkennen.

(v) = versetzt

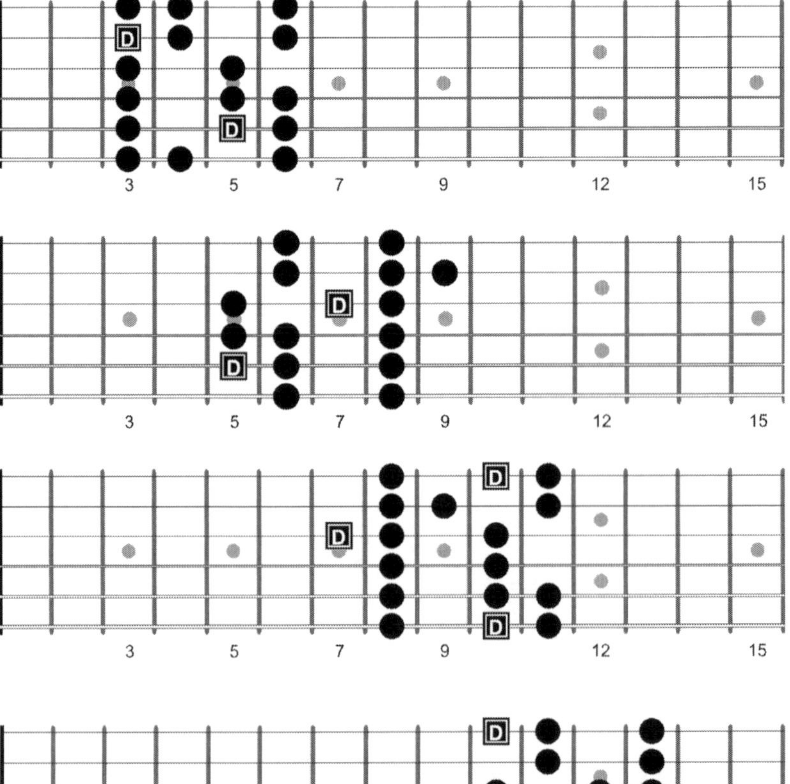

Box 1 + Pattern 4(v) = Lokrisch
Spielst du in Box 1 das Pattern 4, so ergibt sich für den Grundton die lokrische Skala.

Box 2 + Pattern 5(v) = Lokrisch
Spielst du in Box 2 das Pattern 5, so ergibt sich für den Grundton die lokrische Skala.

Box 3 + Pattern 1(v) = Lokrisch
Spielst du in Box 3 das Pattern 1, so ergibt sich für den Grundton die lokrische Skala.

Box 4 + Pattern 2(v) = Lokrisch
Spielst du in Box 4 das Pattern 2, so ergibt sich für den Grundton die lokrische Skala.

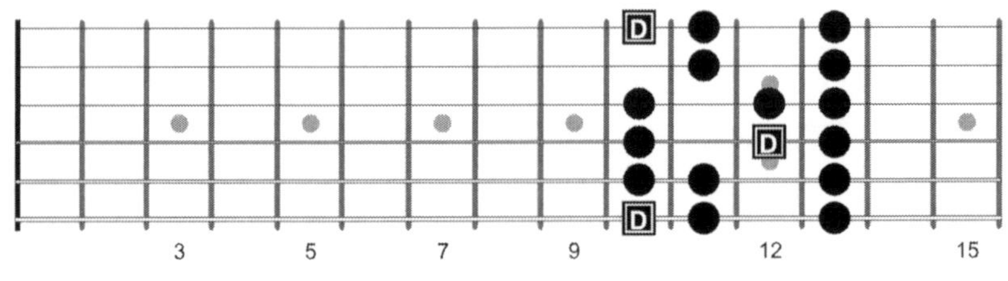

Box 5 + Pattern 3(v) = Lokrisch
Spielst du in Box 5 das Pattern 3, so ergibt sich für den Grundton die lokrische Skala.

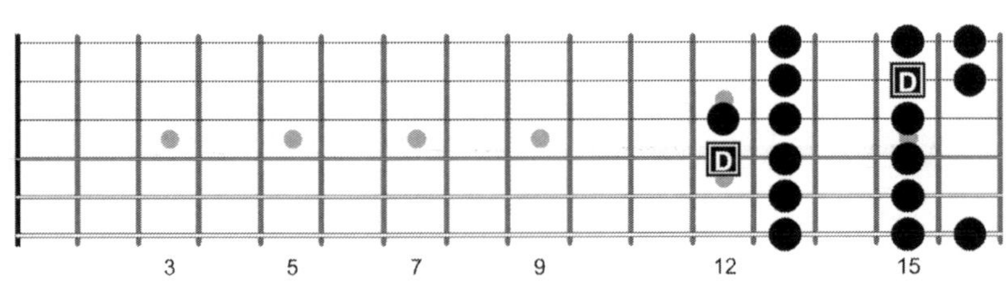

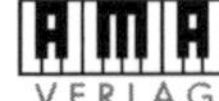

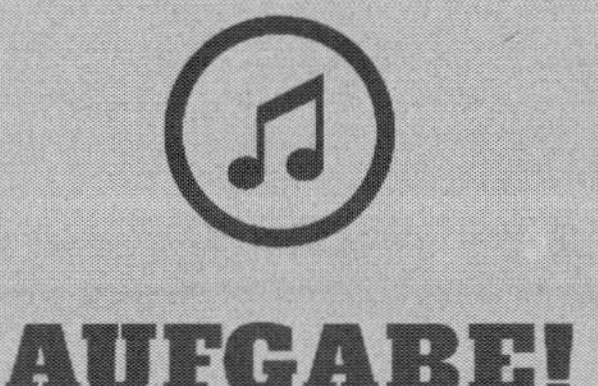

Spiel D-Lokrisch in jeder der fünf D-Boxen wie in den Diagrammen dargestellt. Spiel die Skala in jeder Box dabei vom Grundton aus. Bist du bei der hohen E-Saite angekommen, spiel die Skala abwärts bis zur tiefen E-Saite und von dort wieder aufwärts bis zum Grundton. Merk dir für die lokrische Skala die Kombination der Boxen mit den Pattern! **Denk daran: Es ist die gleiche Kombination wie die der ionischen Skala, nur um einen halben Ton versetzt.**

9.2 Licks und Jam-Track in Lokrisch

Unser Lick in Lokrisch fängt mit einem Dmin7/b5-Arpeggio an und wird dann um die Skalatöne b9 und b6 erweitert. Versuch hierbei im ersten Schritt, in jeder Box und jedem zugeordeneten Pattern das min7/b5-Arpeggio zu erkennen.

Lick 7 in Box 1

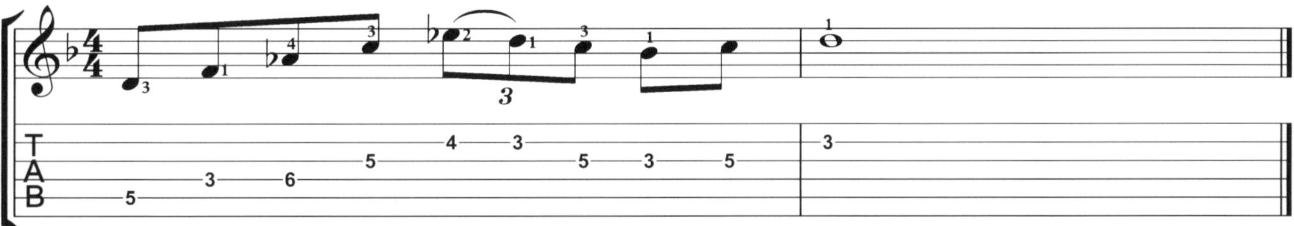

Lick 7 in Box 2

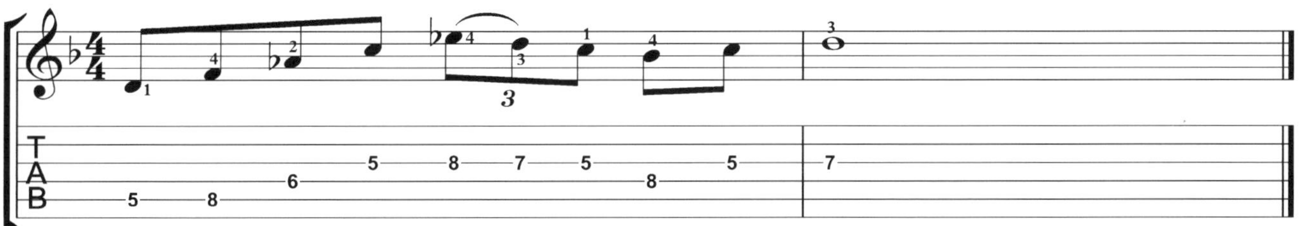

Lick 7 in Box 3

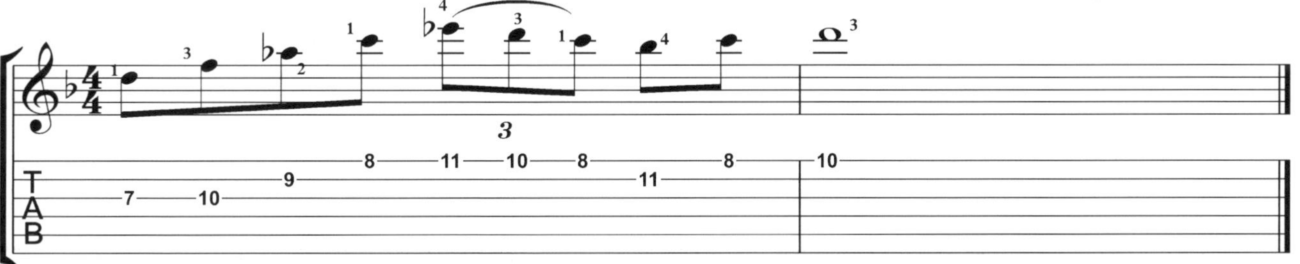

Lick 7 in Box 4

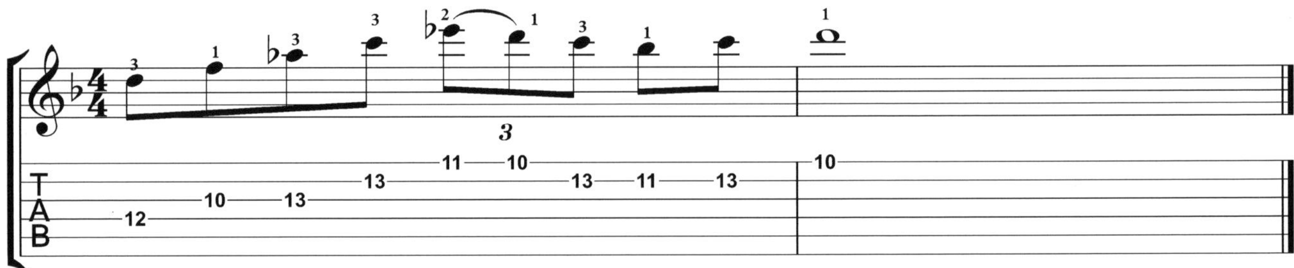

Lick 7 in Box 5

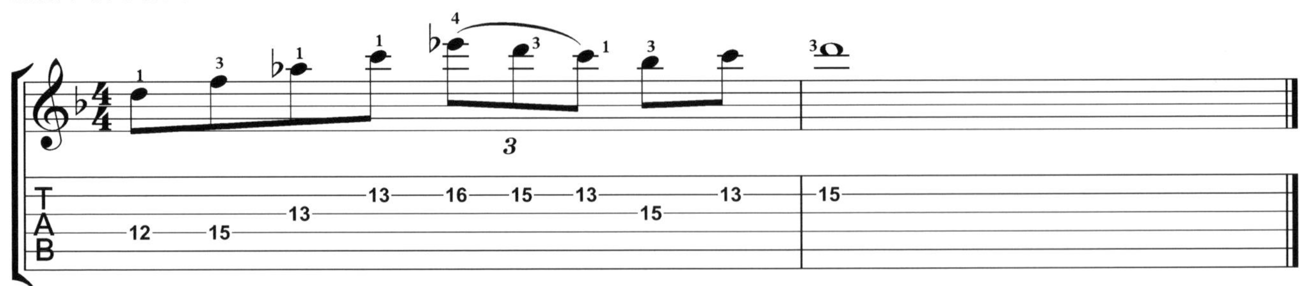

Der **JAM-TRACK 7** ist ein statischer Bb9 Vamp. Da die lokrische Skala keine stabile Tonart repräsentiert, gibt es keine Akkordfolge in D-Lokrisch. Aus diesem Grund habe ich einen Vamp genommen, bei dem D-Lokrisch bzw. Dmin7/b5 als Substitution für den Akkord Bb9 steht.
Improvisier also über den Akkord Bb9 mit der Skala D-Lokrisch. Kombinier auch hier alle fünf Patterns!

Viel Spaß!

JAM-TRACK 7

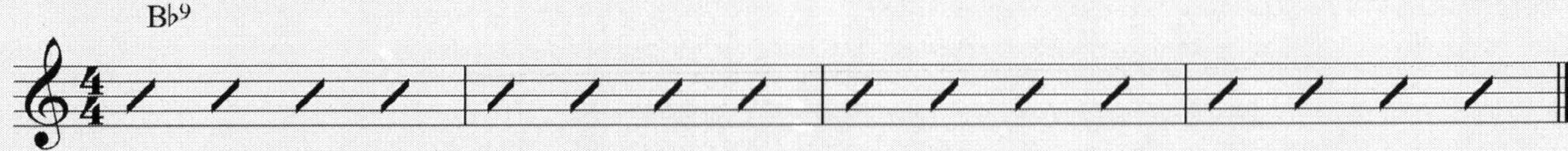

AMA VERLAG

9.3 Kombinations-Übung

Wir transferieren Lokrisch vom Beispielton D auf alle 12 möglichen Grundtöne. Dafür nehmen wir wie gewohnt die Kombinations-Übung als Werkzeug.

ÜBUNG!

1. Zieh aus beiden Gefäßen eine Karte. Du hast nun eine Lage auf dem Griffbrett sowie einen Grundton vor dir. Lokalisier in der Lage die Grundtonbox für den gezogenen Grundton. Wir befinden uns in diesem Kapitel in Lokrisch. Das ist dein Starting-Point!

2. Spiel nun in der gezogenen Lage die lokrische Skala für den gezogenen Grundton. Starte dabei immer vom Grundton aus.

3. Ändere nun den Grundton im Quintenzirkel und spiel für den neuen Grundton die lokrische Skala. Bleib dabei in der gezogenen Lage.

4. Führ das Prinzip durch den ganzen Quintenzirkel fort, bis du wieder am Ausgangs-Grundton angelangt bist. Bleib dabei für alle 12 Grundtöne in der gezogenen Lage.

Quintenzirkel: C G D A E B F# C# Ab Eb Bb F

Glückwunsch! Du hast mit dem Ende dieses Kapitels in einer beliebigen, gleichbleibenden Lage ALLE MODI von den 12 möglichen Grundtönen aus gespielt!

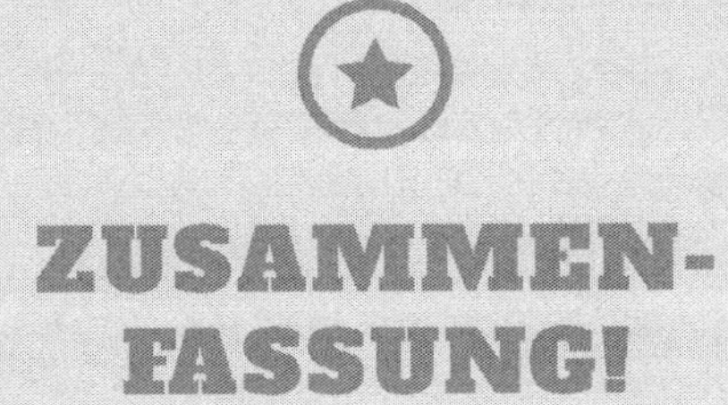

- Du hast den Aufbau der lokrischen Skala verstanden.
- Du kennst die Beziehungen der fünf Grundtonboxen mit den fünf Patterns für die lokrische Skala und kannst mithilfe dieser gelernten Beziehungen von jedem Grundton aus in jeder Lage die lokrische Skala spielen.
- Du kannst über eine beliebige Akkordfolge in allen fünf lokrischen Patterns improvisieren.

Kapitel 10 – Moll-Pentatonik

10.1 Die fünf Fingersatz-Patterns der Pentatonik

Bevor wir uns auf die Konstruktion der Moll-Pentatonik konzentrieren, müssen wir vorher die fünf universalen Patterns der Pentatonik darstellen. Dafür entfernen wir innerhalb einer Oktave lediglich zwei Töne aus jedem der fünf Patterns des ionischen Systems (siehe Kapitel 2.2 Die fünf Fingersatz-Patterns) und erhalten daraus unsere fünf Pentatonik-Patterns.

Pattern 1 ionisches System

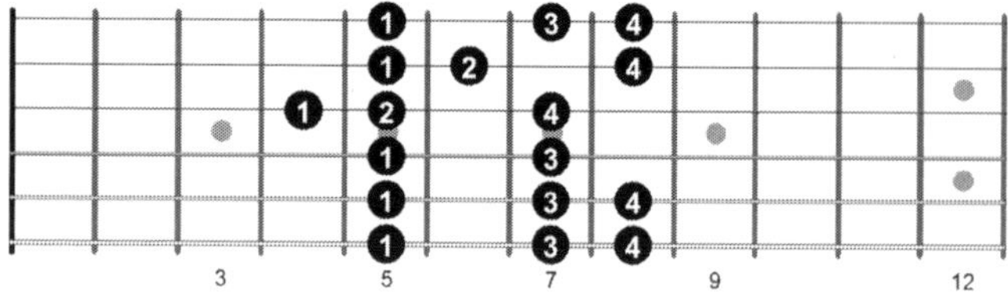

Pattern 1 pentatonisches System

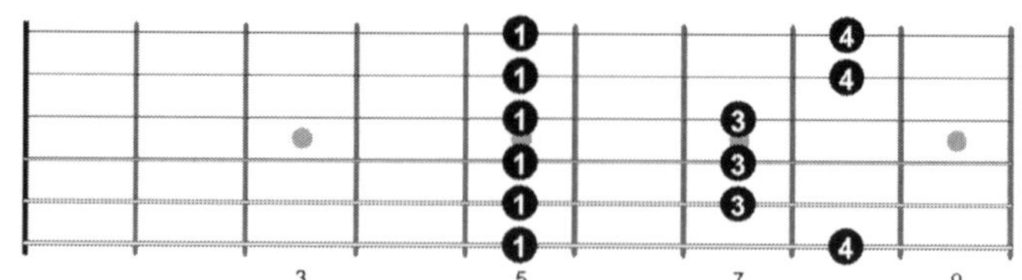

Pattern 2 ionisches System

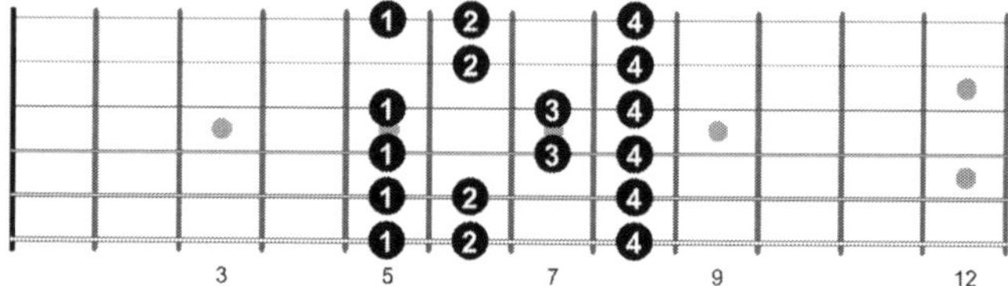

Pattern 2 pentatonisches System

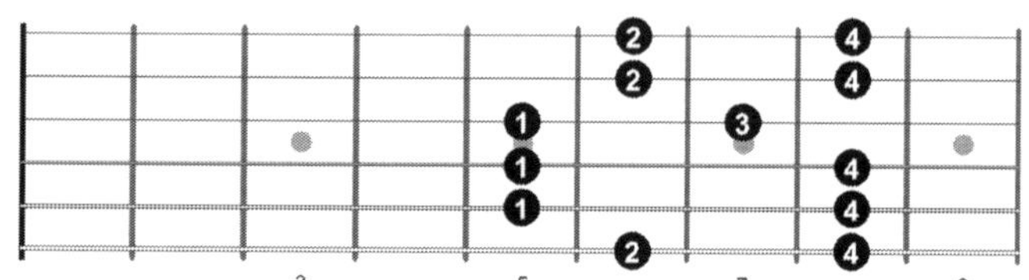

Pattern 3 ionisches System

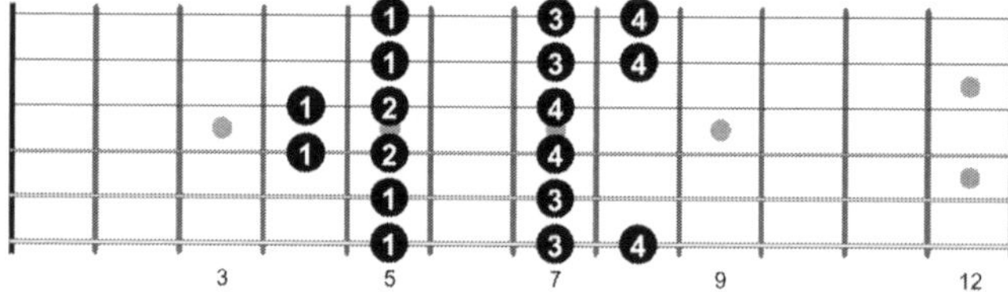

Pattern 3 pentatonisches System

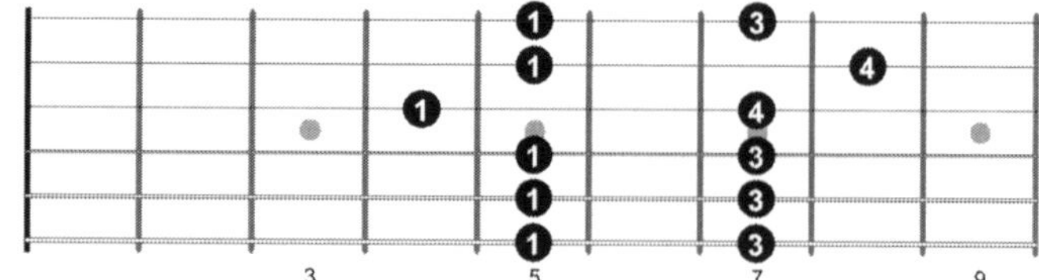

Pattern 4 ionisches System

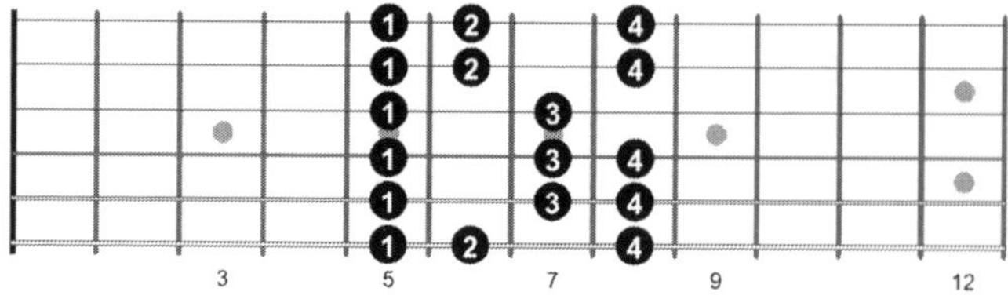

Pattern 4 pentatonisches System

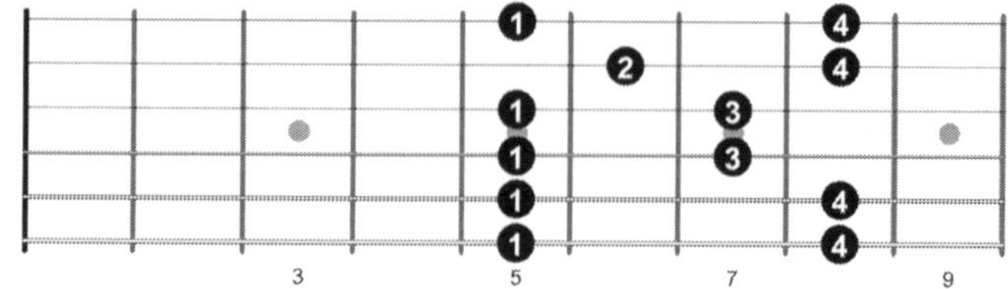

Pattern 5 ionisches System

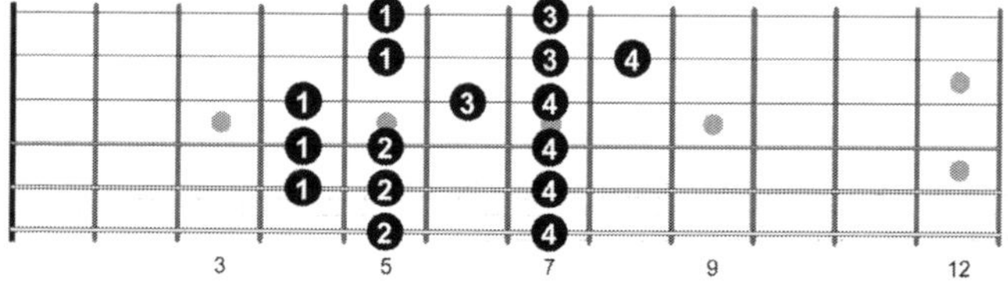

Pattern 5 pentatonisches System

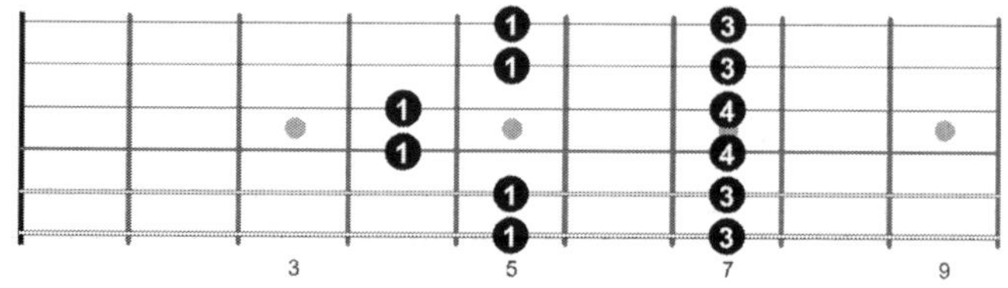

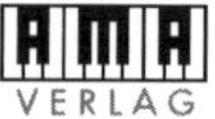

10.2 Darstellung der Skala

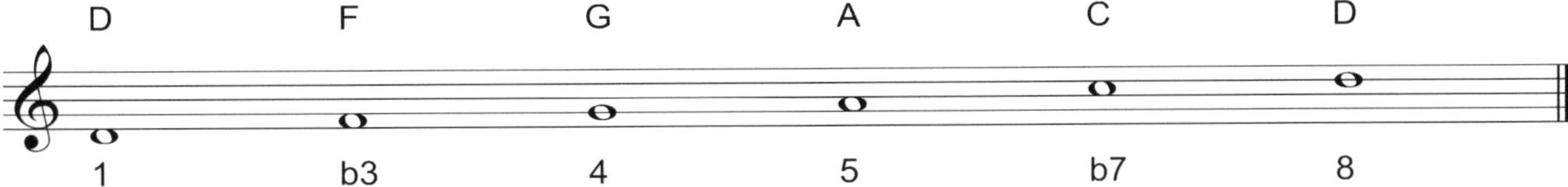

Die Moll-Pentatonik ist die grundlegendste Skala für Gitarristen. Sie wird in diesem Buch erst an dieser Stelle behandelt, da man sie ganz leicht aus dem Äolischen ableiten kann.
Auch für die Pentatonik gilt: Wir müssen jeder Grundtonbox eines der fünf universalen Patterns des pentatonischen Systems zuordnen, um für jede Box vom Grundton aus die Moll-Pentatonik zu erhalten. Die Kombination der Boxen und Patterns für die Moll-Pentatonik ist die gleiche wie die der äolischen Skala. Die Patterns stammen lediglich aus dem pentatonischen System.

Box 1 + Pattern 3 = Moll-Penta
Spielst du in Box 1 das Pattern 3, so ergibt sich für den Grundton die Moll-Pentatonik.

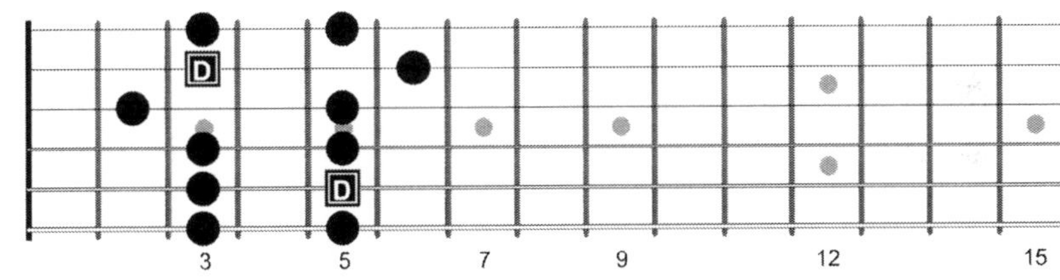

Box 2 + Pattern 4 = Moll-Penta
Spielst du in Box 2 das Pattern 4, so ergibt sich für den Grundton die Moll-Pentatonik.

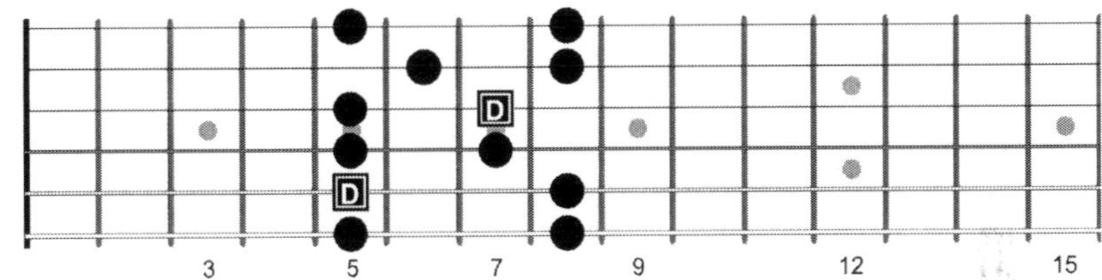

Box 3 + Pattern 5 = Moll-Penta
Spielst du in Box 3 das Pattern 5, so ergibt sich für den Grundton die Moll-Pentatonik.

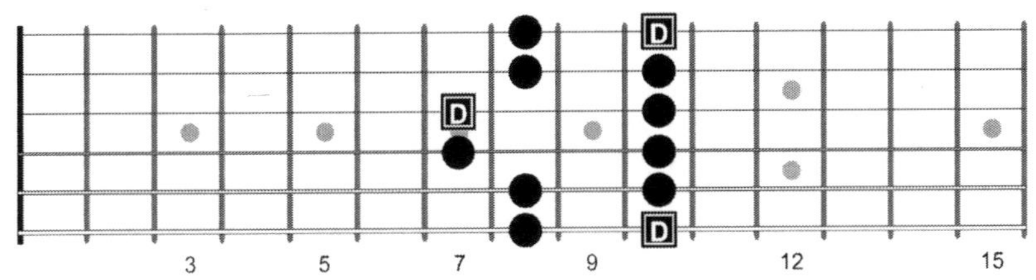

Box 4 + Pattern 1 = Moll-Penta
Spielst du in Box 4 das Pattern 1, so ergibt sich für den Grundton die Moll-Pentatonik.

Box 5 + Pattern 2 = Moll-Penta
Spielst du in Box 5 das Pattern 1, so ergibt sich für den Grundton die Moll-Pentatonik.

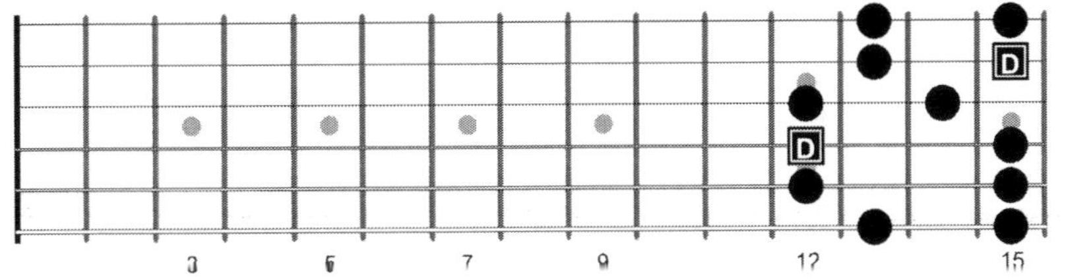

Spiel die D-Moll-Pentatonik in jeder der fünf D-Boxen wie in den Diagrammen dargestellt. Spiel die Skala in jeder Box dabei vom Grundton aus. Bist du bei der hohen E-Saite angekommen, spiel die Skala abwärts bis zur tiefen E-Saite und von dort wieder aufwärts bis zum Grundton. Merk dir für die Moll-Pentatonik die Kombination der Boxen mit den Pattern!

10.3 Licks und Blues für die Moll-Pentatonik

Der Blues ist die Grundlage unserer heutigen populären Musikkultur. Als Gitarrist sollte man sich das stets vor Augen führen! Deshalb gibt es in diesem Kapitel als Jam-Track in Kombination mit der Moll-Pentatonik einen Blues! Das folgende Lick ist ein reines Moll-Pentatonik-Lick, ohne die Blues-Skala oder die Dur-Terz mit zu verwenden.

Lick 8 in Box 1

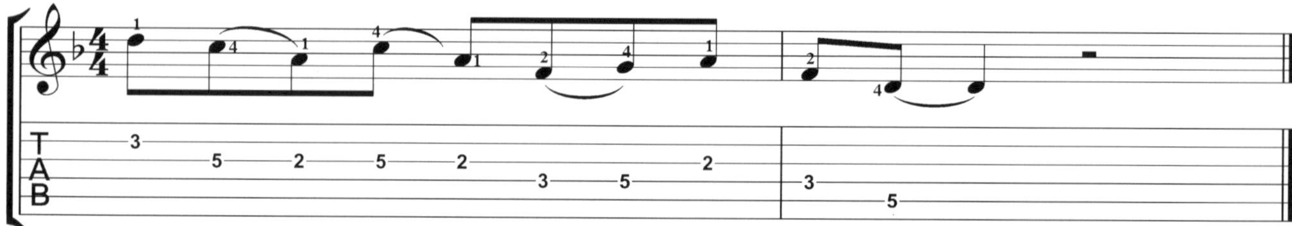

Lick 8 in Box 2

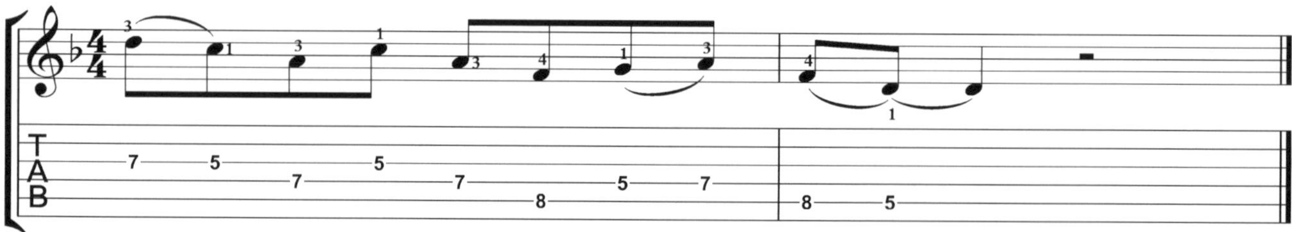

Lick 8 in Box 3

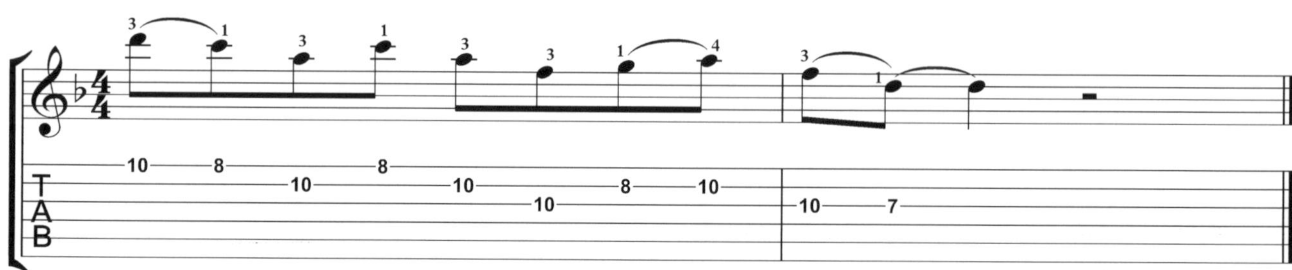

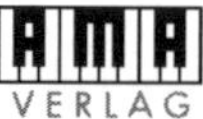

Lick 8 in Box 4

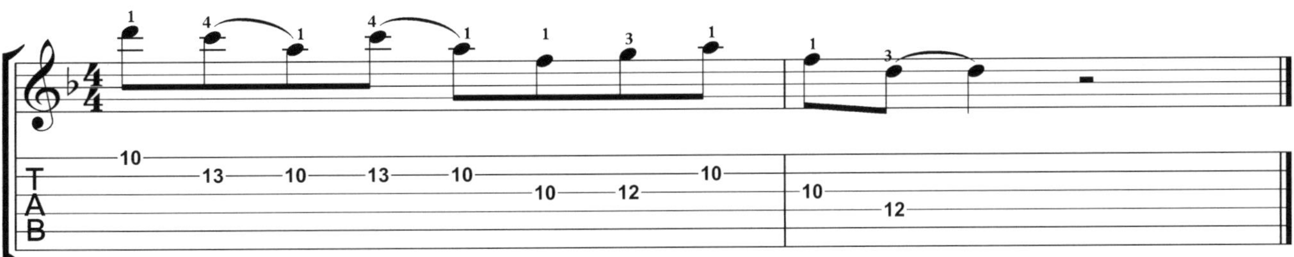

Lick 8 in Box 5

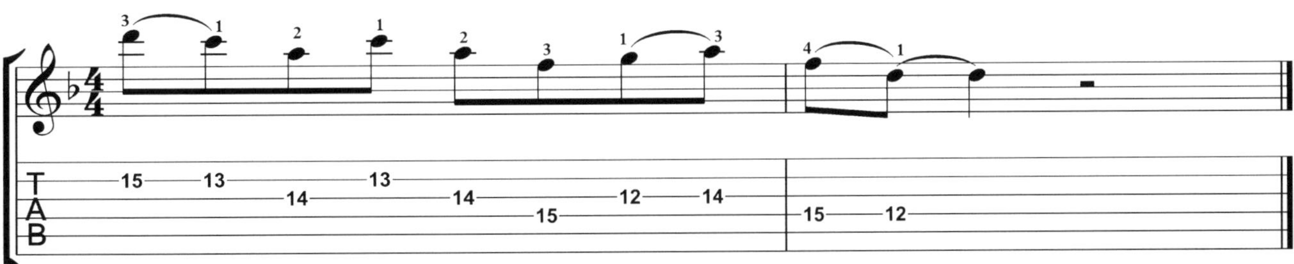

Der **JAM-TRACK 8** ist ein Blues in D. Die D-Moll-Pentatonik passt über jeden der drei Akkorde der Akkordfolge. Nimm dir eventuell schon bekannte Blues-Licks aus der Moll-Pentatonik und spiel diese in allen fünf Patterns.

Viel Spaß!

JAM-TRACK 8

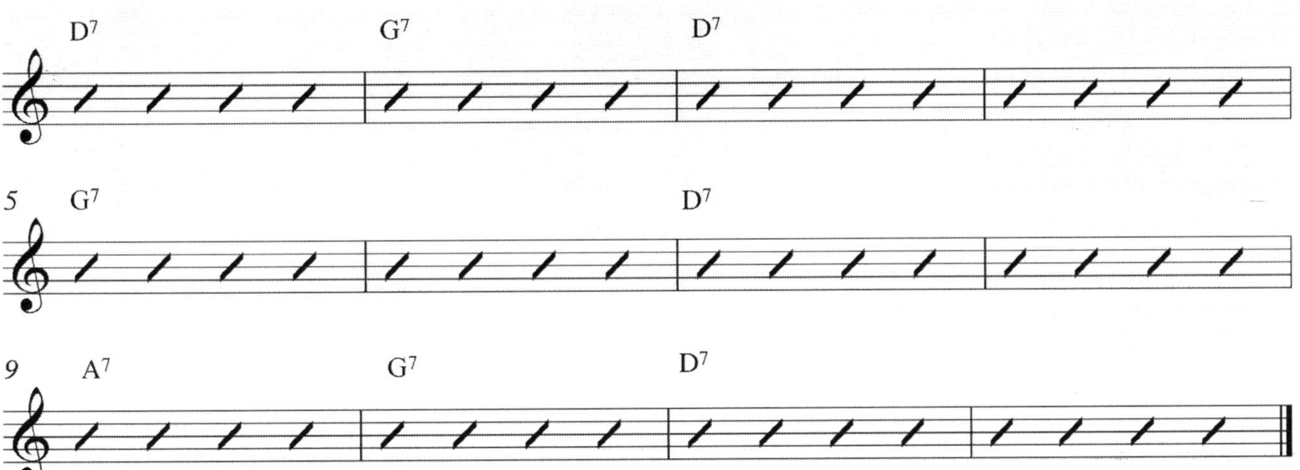

10.4 Kombinations-Übung

Wir zirkulieren die Moll-Pentatonik einmal durch den Quintenzirkel, um die gelernten Patterns vom Ton D auf alle 12 möglichen Grundtöne zu transferieren.

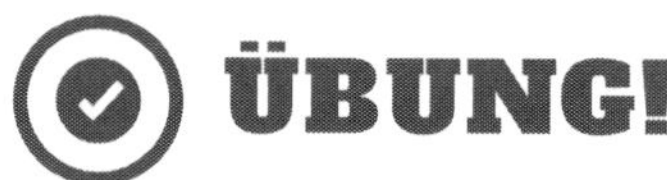

1. Zieh aus beiden Gefäßen eine Karte. Du hast nun eine Lage auf dem Griffbrett sowie einen Grundton vor dir. Lokalisier in der Lage die Grundtonbox für den gezogenen Grundton. Wir befinden uns in diesem Kapitel in der Moll-Pentatonik. Das ist dein Starting-Point!

2. Spiel nun in der gezogenen Lage die Moll-Pentatonik für den gezogenen Grundton. Starte dabei immer vom Grundton aus.

3. Ändere nun den Grundton im Quintenzirkel und spiel für den neuen Grundton die Moll-Pentatonik. Bleib dabei in der gezogenen Lage.

4. Führ das Prinzip durch den ganzen Quintenzirkel fort, bis du wieder am Ausgangs-Grundton angelangt bist. Bleib dabei für alle 12 Grundtöne in der gezogenen Lage.

Quintenzirkel: C G D A E B F# C# Ab Eb Bb F

MOLL-PENTATONIK GEMEISTERT!

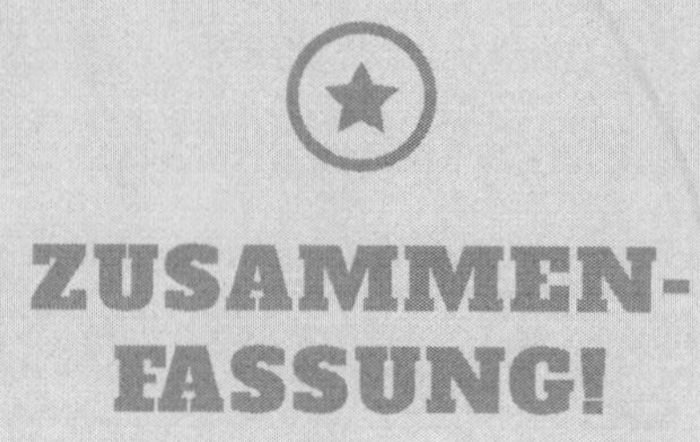

- Du hast den Aufbau der Moll-Pentatonik verstanden.
- Du kennst die Beziehungen der fünf Grundtonboxen mit den fünf Patterns für die Moll-Pentatonik und kannst auf Grund dieser gelernten Beziehungen von jedem Grundton aus in jeder Lage die Moll-Pentatonik spielen.
- Du kannst über eine beliebige Akkordfolge in allen fünf Moll-Pentatonik-Patterns improvisieren.

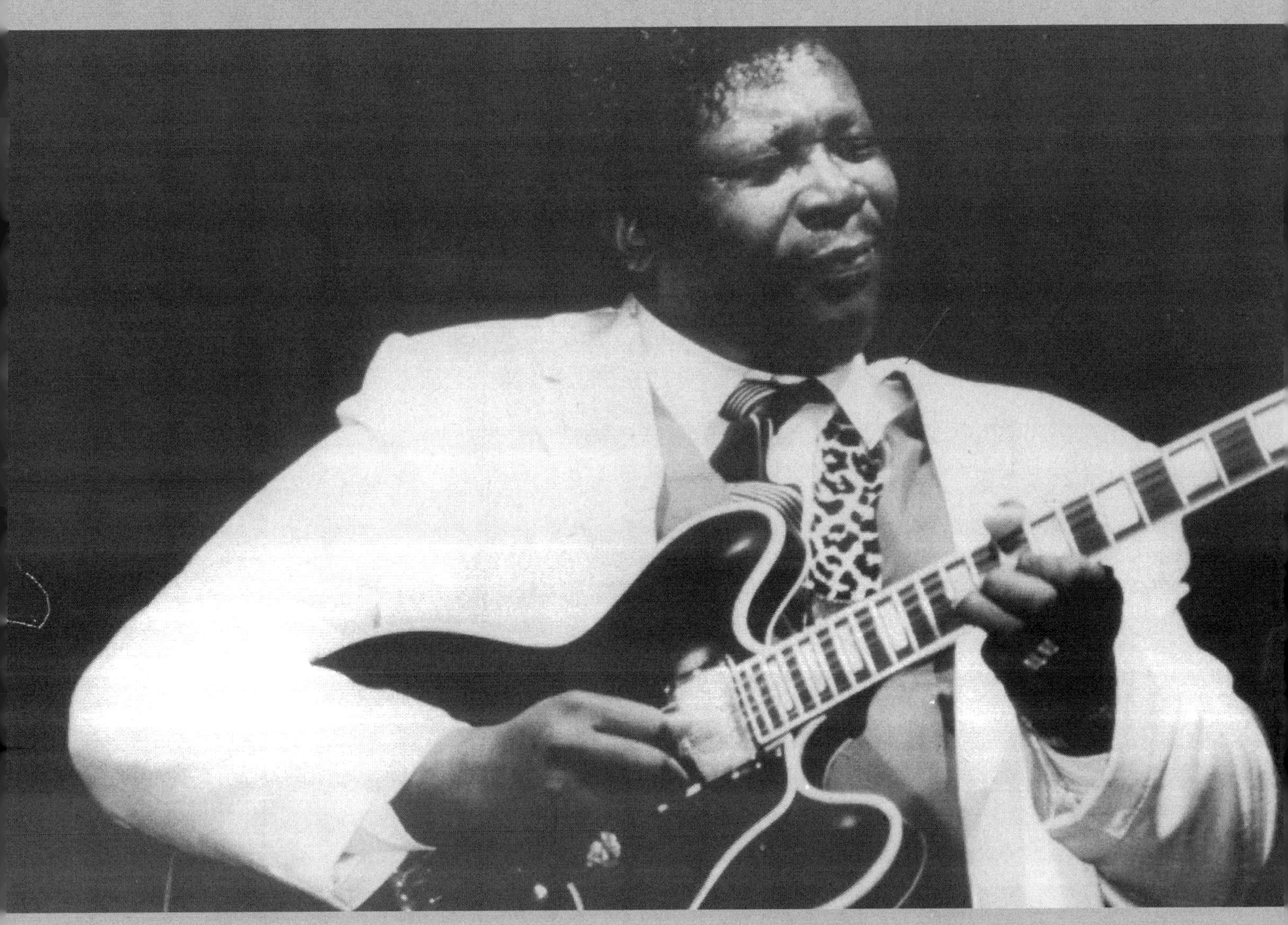

Let us keep the blues alive ...

B.B. King

Kapitel 11 – Dur-Pentatonik

11.1 Darstellung der Skala

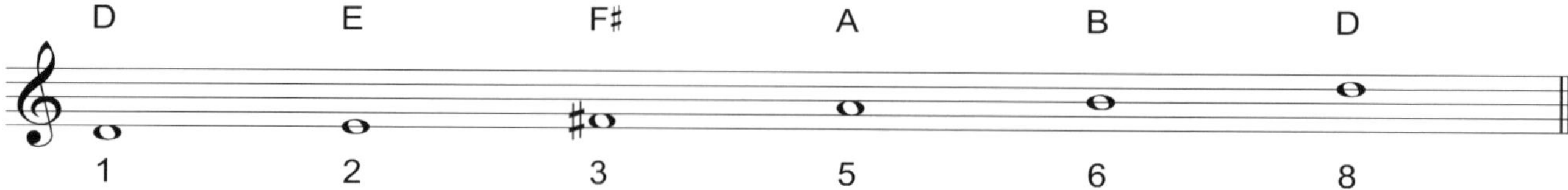

Die Dur-Pentatonik ist eine der Skalen, die in so ziemlich jeder Stilistik ihren Einsatz findet. Egal ob Blues, Rock, Soul, R'n'B oder Country – mit der Dur-Pentatonik liegst du meistens richtig.

Wir müssen wie in jedem Kapitel jeder Grundtonbox eines der fünf universalen Patterns des pentatonischen Systems zuordnen, um für jede Box vom Grundton aus die Dur-Pentatonik zu erhalten. Die Kombination der Boxen und Patterns für die Dur-Pentatonik ist die gleiche wie die der ionischen Skala. Die Patterns stammen lediglich aus dem pentatonischen System.

Box 1 + Pattern 4 = Dur-Penta
Spielst du in Box 1 das Pattern 4, so ergibt sich für den Grundton die Dur-Pentatonik.

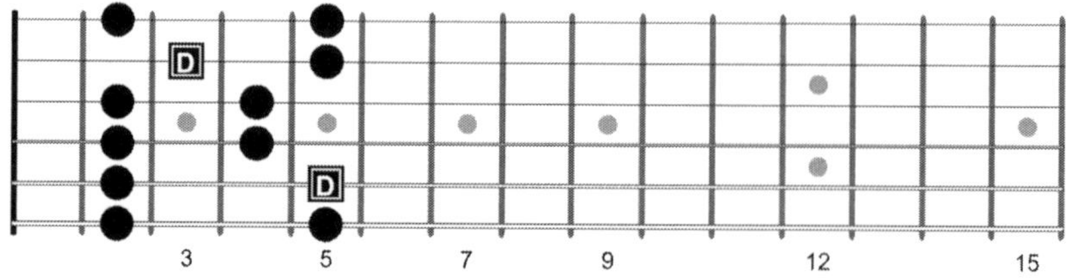

Box 2 + Pattern 5 = Dur-Penta
Spielst du in Box 2 das Pattern 5, so ergibt sich für den Grundton die Dur-Pentatonik.

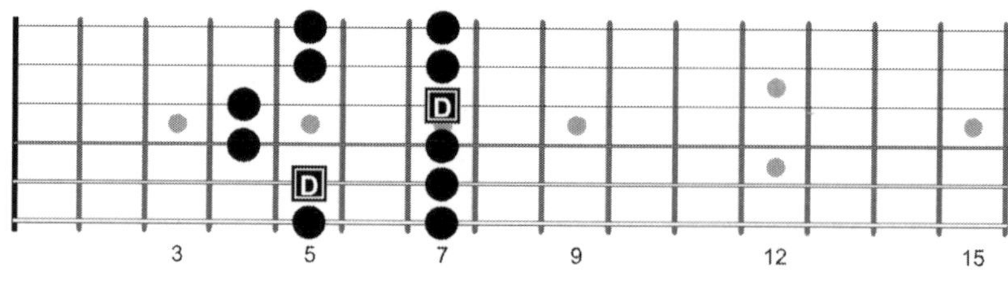

Box 3 + Pattern 1 = Dur-Penta
Spielst du in Box 3 das Pattern 1, so ergibt sich für den Grundton die Dur-Pentatonik.

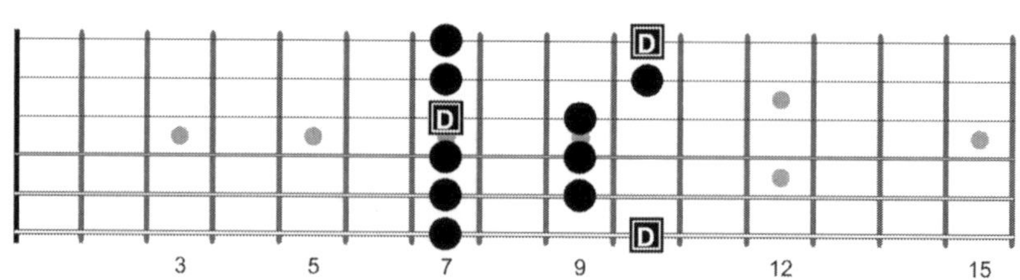

Box 4 + Pattern 2 = Dur-Penta
Spielst du in Box 4 das Pattern 2, so ergibt sich für den Grundton die Dur-Pentatonik.

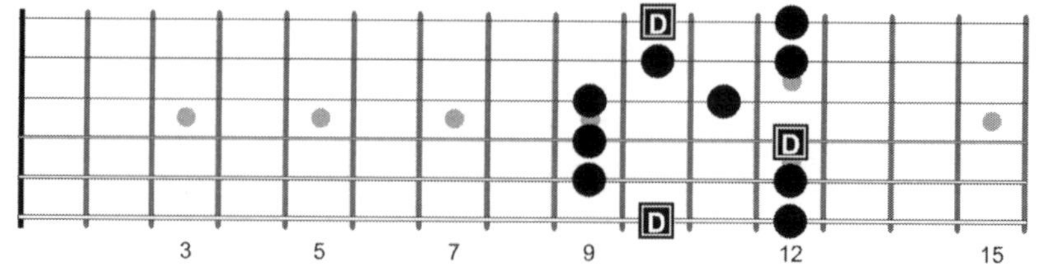

Box 5 + Pattern 3 = Dur-Penta
Spielst du in Box 5 das Pattern 3, so ergibt sich für den Grundton die Dur-Pentatonik.

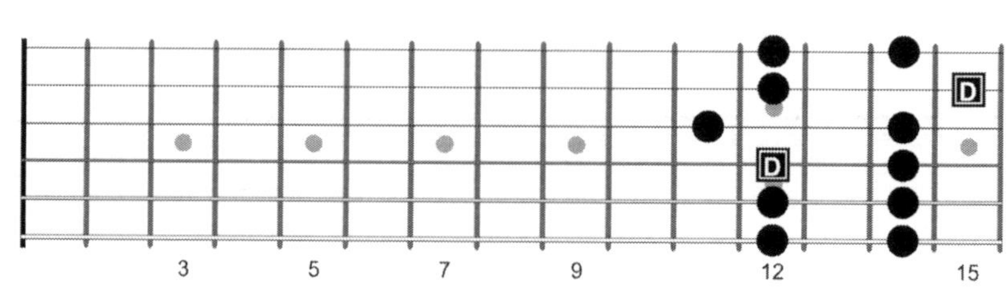

Spiel die D-Dur-Pentatonik in jeder der fünf D-Boxen wie in den Diagrammen dargestellt. Spiel die Skala in jeder Box dabei vom Grundton aus. Bist du bei der hohen E-Saite angekommen, spiel die Skala abwärts bis zur tiefen E-Saite und von dort wieder aufwärts bis zum Grundton. Merk dir für die Dur-Pentatonik die Kombination der Boxen mit den Pattern!

11.2 Licks und Jam-Track für die Dur-Pentatonik

Lick 9 ist eine Sequenz bestehend aus zwei gespielten 5er-Gruppen. Du kannst als Übung auch in jeder der fünf Boxen mit der Dur-Pentatonik Sequenzen aus 3er-, 4er- oder 6er-Gruppen spielen. Eine weitere Möglichkeit ist, diese Sequenzen umgekehrt von oben nach unten zu spielen.

Lick 9 in Box 1

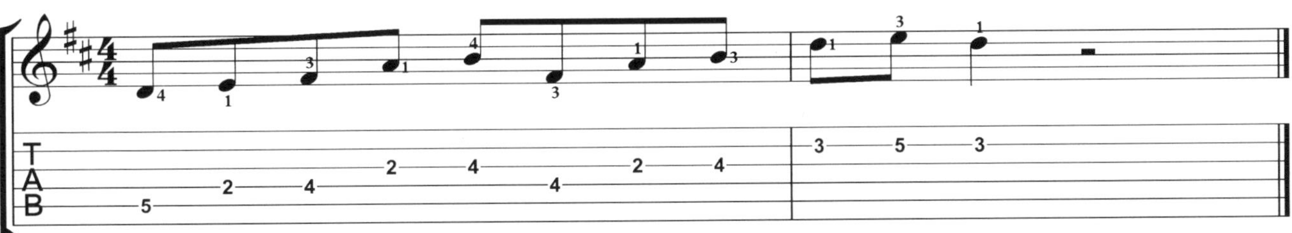

Lick 9 in Box 2

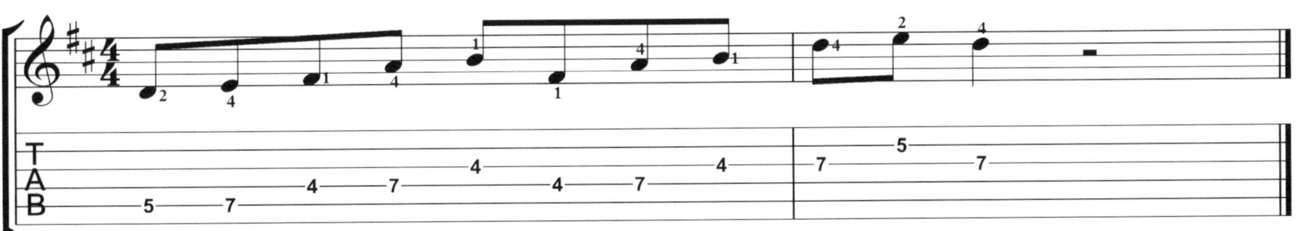

Lick 9 in Box 3

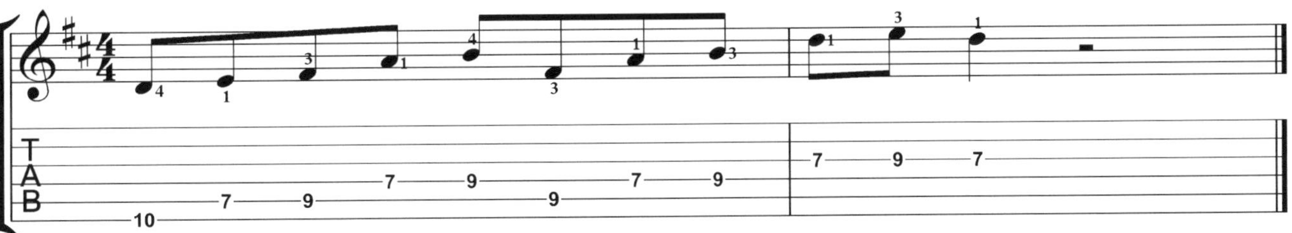

Lick 9 in Box 4

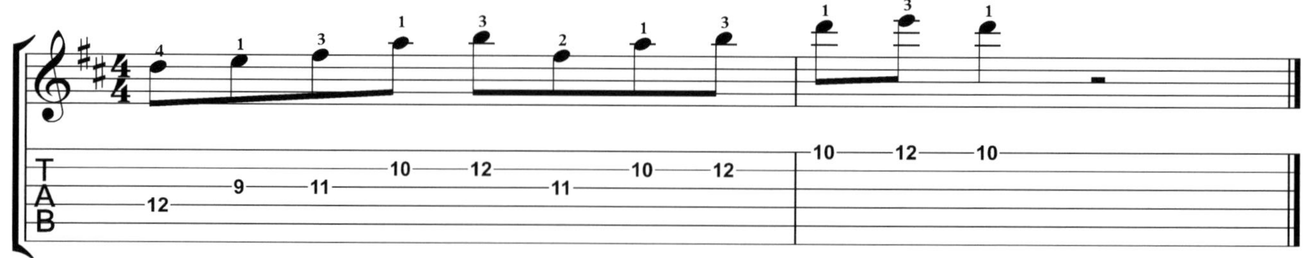

Lick 9 in Box 5

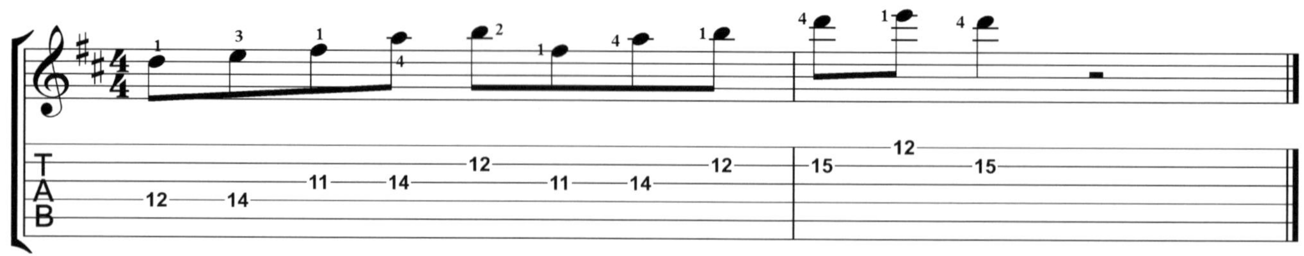

Der **JAM-TRACK 9** ist eine Akkordfolge, die im Pop/Rock häufig vorkommt und z.B. von der Band U2 umgesetzt wird. Improvisier ausschließlich mit der D-Dur-Pentatonik darüber und spiel diese in allen fünf Pattern. Versuch kurze Sequenzen in deiner Improvisation unterzubringen.

Viel Spaß!

JAM-TRACK 9

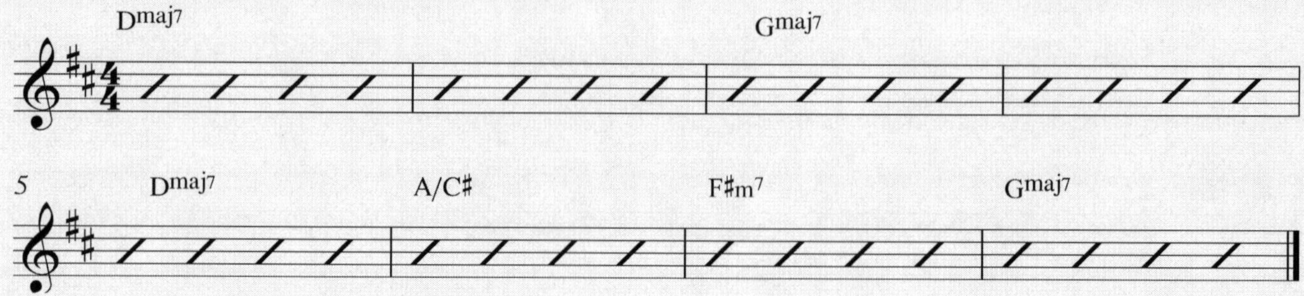

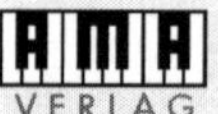

11.3 Kombinations-Übung

Für die letzte Skala in diesem Buch spielen wir uns ein letztes Mal durch den Quintenzirkel! Ohne weitere Erklärungen wünsche ich dir viel Erfolg!

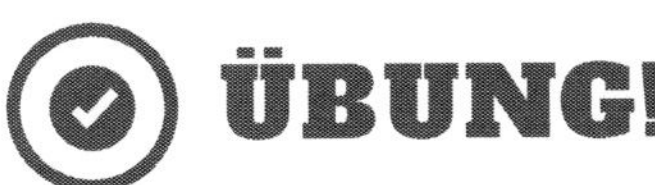

1. Zieh aus beiden Gefäßen eine Karte. Du hast nun eine Lage auf dem Griffbrett sowie einen Grundton vor dir. Lokalisier in der Lage die Grundtonbox für den gezogenen Grundton. Wir befinden uns in diesem Kapitel in der Dur-Pentatonik. Das ist dein Starting-Point!

2. Spiel nun in der gezogenen Lage die Dur-Pentatonik für den gezogenen Grundton. Starte dabei immer vom Grundton aus.

3. Ändere nun den Grundton im Quintenzirkel und spiel für den neuen Grundton die Dur-Pentatonik. Bleib dabei in der gezogenen Lage.

4. Führ das Prinzip durch den ganzen Quintenzirkel fort, bis du wieder am Ausgangs-Grundton angelangt bist. Bleib dabei für alle 12 Grundtöne in der gezogenen Lage.

Quintenzirkel: C G D A E B F# C# Ab Eb Bb F

Glückwunsch! Du hast JEDE SKALA in diesem Buch für JEDEN MÖGLICHEN GRUNDTON in einer zufälligen Lage gespielt.

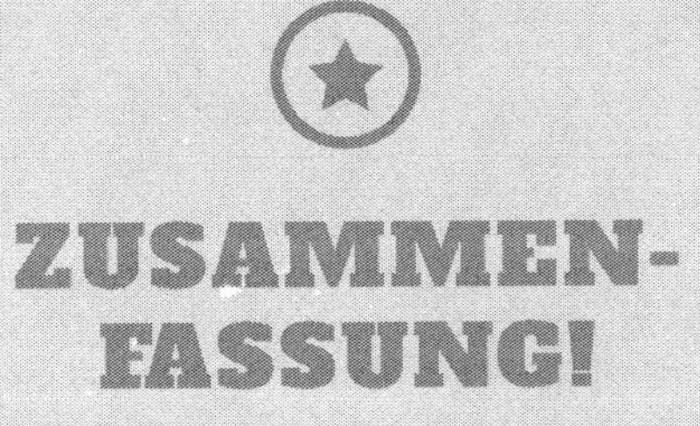

- Du hast den Aufbau der Dur-Pentatonik verstanden.
- Du kennst die Beziehungen der fünf Grundtonboxen mit den fünf Patterns für die Dur-Pentatonik und kannst auf Grund dieser gelernten Beziehungen von jedem Grundton aus in jeder Lage die Dur-Pentatonik spielen.
- Du kannst über eine beliebige Akkordfolge in allen fünf Dur-Pentatonik-Patterns improvisieren.

Kapitel 12 - Kombination der verschiedenen Modi

In diesem Kapitel gehen wir einen Schritt weiter. Bisher haben wir uns mit Akkordfolgen beschäftigt, über die wir mit **einer** Skala improvisieren konnten. Das wird sich nun ändern. Wir benötigen **mehrere** Skalen, um über die kommenden Akkordfolgen erfolgreich improvisieren zu können.

12.1 Blues: Kombination von Moll- und Dur-Pentatonik und Mixolydisch

Der Blues lässt eine Vielzahl an möglichen Skalen und Sounds zu, mit denen man improvisieren kann. Oft hat die Wahl der Skala damit zu tun, in welchem Blues-Genre man sich bewegt. Gitarristen wie B.B. King, Eric Clapton, Duane Allman, Jimi Hendrix sowie Larry Carlton oder Robben Ford haben alle ihre eigene Art sie zu verwenden. In der unteren Grafik ist **eine Auswahl an Möglichkeiten jeweils unter den Akkorden aufgeführt**.

- Bleib **im ersten Schritt** für den Blues in D in der **5. Lage** und spiel dort jede der aufgeführten Skalen, ohne die Lage zu verlassen. Du bewegst dich dabei für **D in Box 2, für G in Box 5 und für A in Box 4.**
- Wiederhole dies **im zweiten Schritt** in der **10. Lage.** Hier bewegst du dich für **D in Box 4, für G in Box 2 und für A in Box 1.**
- Fühlst du dich damit wohl, trau dich und improvisier über das gesamte Griffbrett.

JAM-TRACK 8

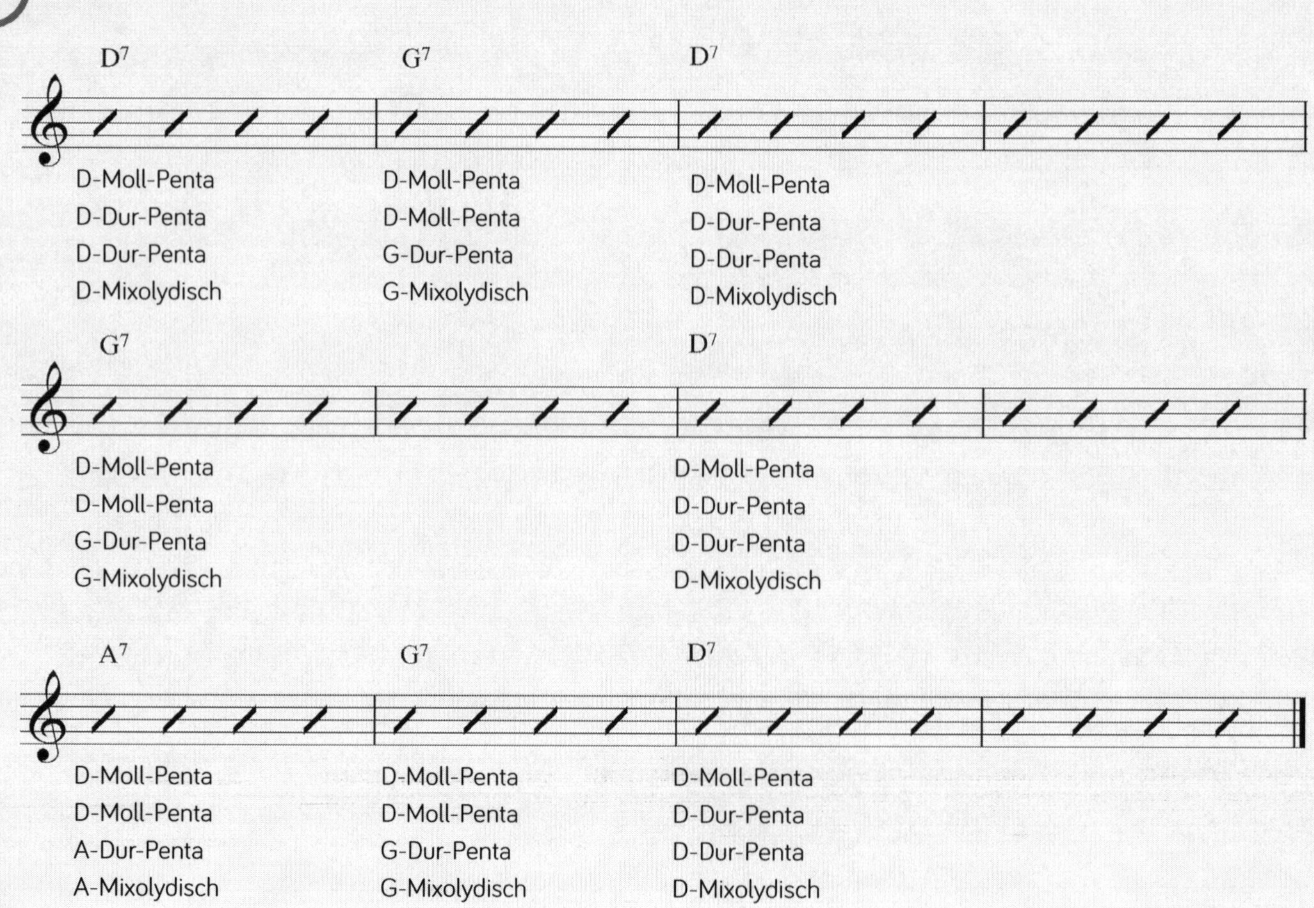

12.2 Modal Interchange

Der Begriff **Modal Interchange** bezeichnet die Stelle in einer Akkordfolge, an der ein Stufenakkord der Tonart durch die gleiche Stufe einer seiner Varianttonarten (engl. parallel keys) ausgetauscht wird.

In der Akkordfolge von **JAM-TRACK 10** befinden wir uns in D Natürlich Moll. In Takt 1 steht der Akkord Bbmaj7 , der der 6. Stufenakkord in D-Moll (bVI maj7) ist. In Takt 2 wird die 5. Stufe Am7 (Vm7) gespielt. So weit, so gut. Anstatt nun aber in Takt 3 den ersten äolischen Stufenakkord Dm7 zu spielen, verwenden wir den ersten Stufenakkord von D-Dur (Ionisch), also Dmaj7. An dieser Stelle ist der Modal Interchange.

Das bedeutet für dich nun, dass du über die Takte 1 und 2 der Akkordfolge D-Äolisch und über Takt 3 und 4 D-Ionisch spielst!

- Improvisier **im ersten Schritt** auch hier in der **5. Lage**. Wir befinden uns in allen vier Takten in der D **Box 2**. Du musst lediglich zwischen der äolischen und der ionischen Skala wechseln.
- **Im zweiten Schritt** spielst du alles in der **10. Lage**. In diesem Fall befindest du dich durchgehend in der D **Box 4**.
- Fühlst du dich sicher genug, versuch in allen Lagen zwischen Äolisch und Ionisch hin und her zu wechseln.

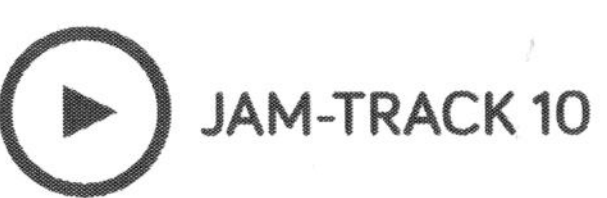

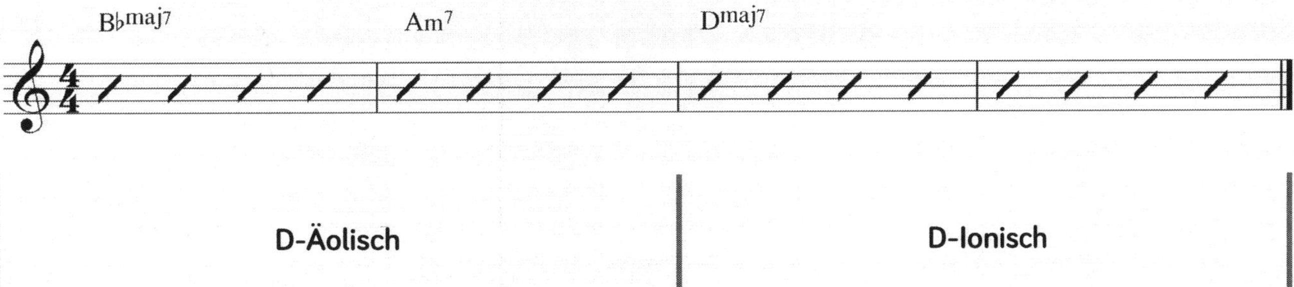

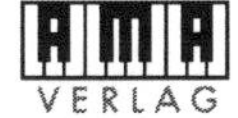

12.3 Akkordfolge aus Äolisch und Dorisch

Zu guter Letzt beschäftigen wir uns mit einer Akkordfolge, bei der äolische Akkorde mit dorischen Akkorden gemischt werden. Wir haben es hier im erweiterten Sinne auch mit einer Art Modal Interchange zu tun.

Die ersten zwei Takte sind in D-Dorisch, Takt 3 und 4 in D-Äolisch: Dm7 (Im7) ist Stufe 1, G (IV7) ist Stufe 4 in D-Dorisch. Darauf folgt Bbmaj7 (bVImaj7), die 6. Stufe in D-Äolisch. Als letztem Akkord begegnen wir Am7 (Vm7), der die 5. Stufe von D-Äolisch ist.

Wie auch schon in den vorherigen Beispielen improvisierst du zuerst in der **5. Lage**, nimmst dir im nächsten Schritt die **10. Lage** vor und sobald du bereit bist, spielst du die zwei Skalen abwechselnd über **das gesamte Griffbrett**. Quasi als krönenden Abschluss!

OHNE WEITERE ANSAGE WÜNSCHE ICH DIR DABEI VIEL ERFOLG!

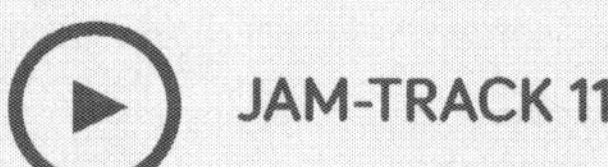

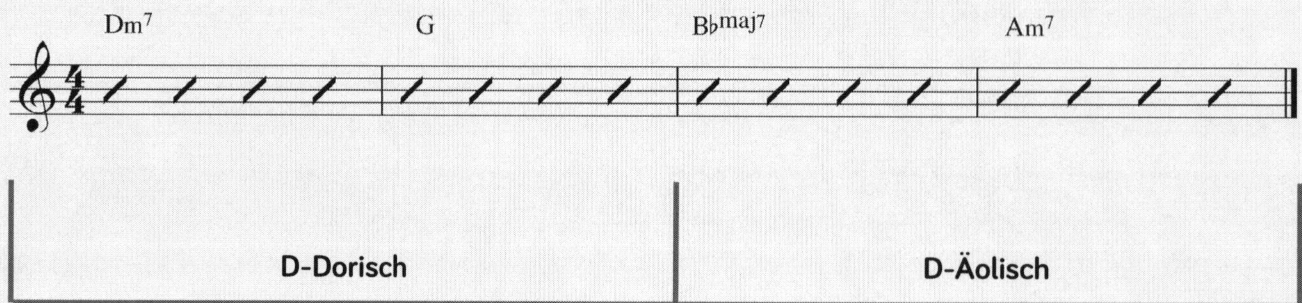

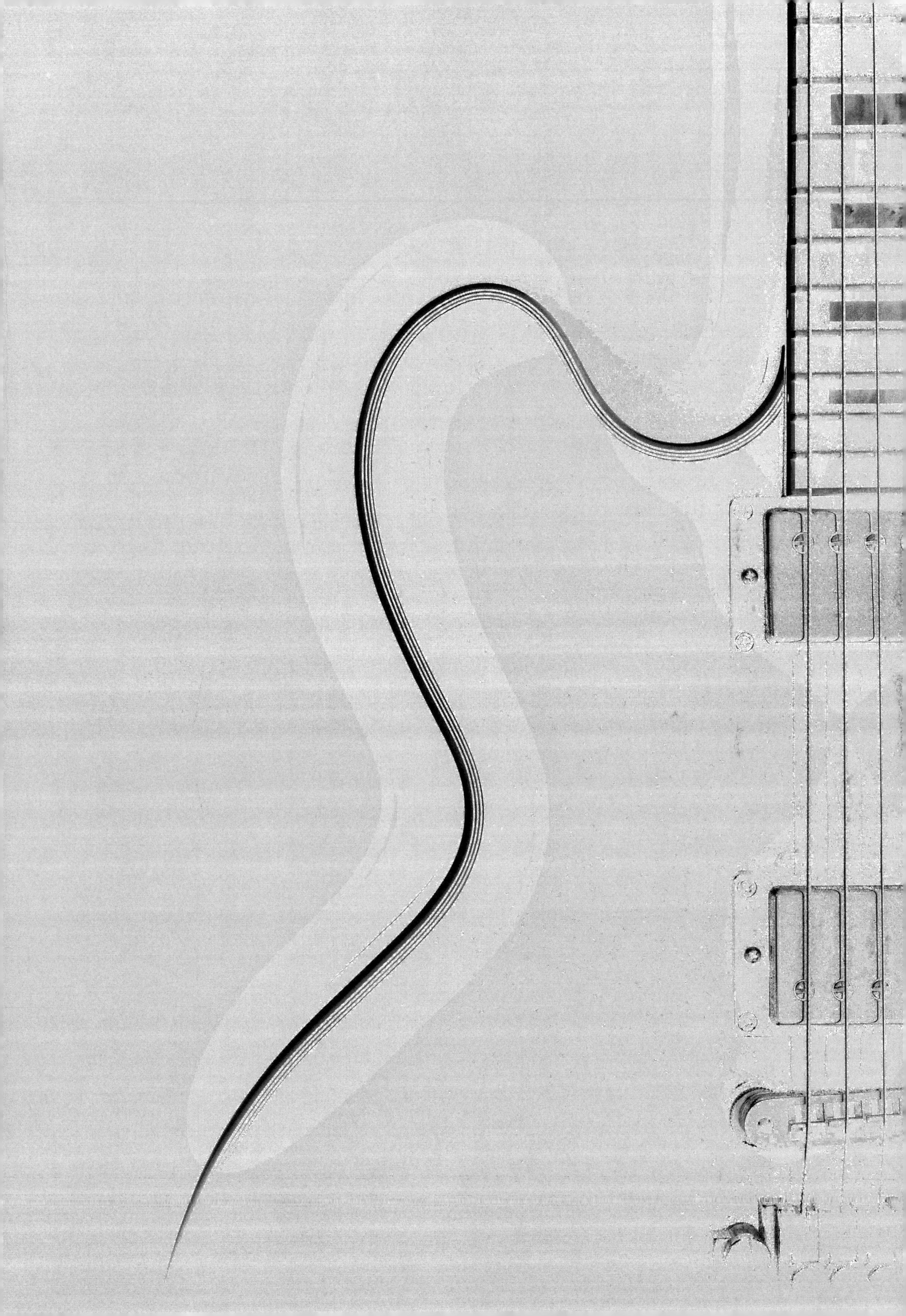

Kapitel 13 – Anhang und Material

Tone-Location-Übersicht

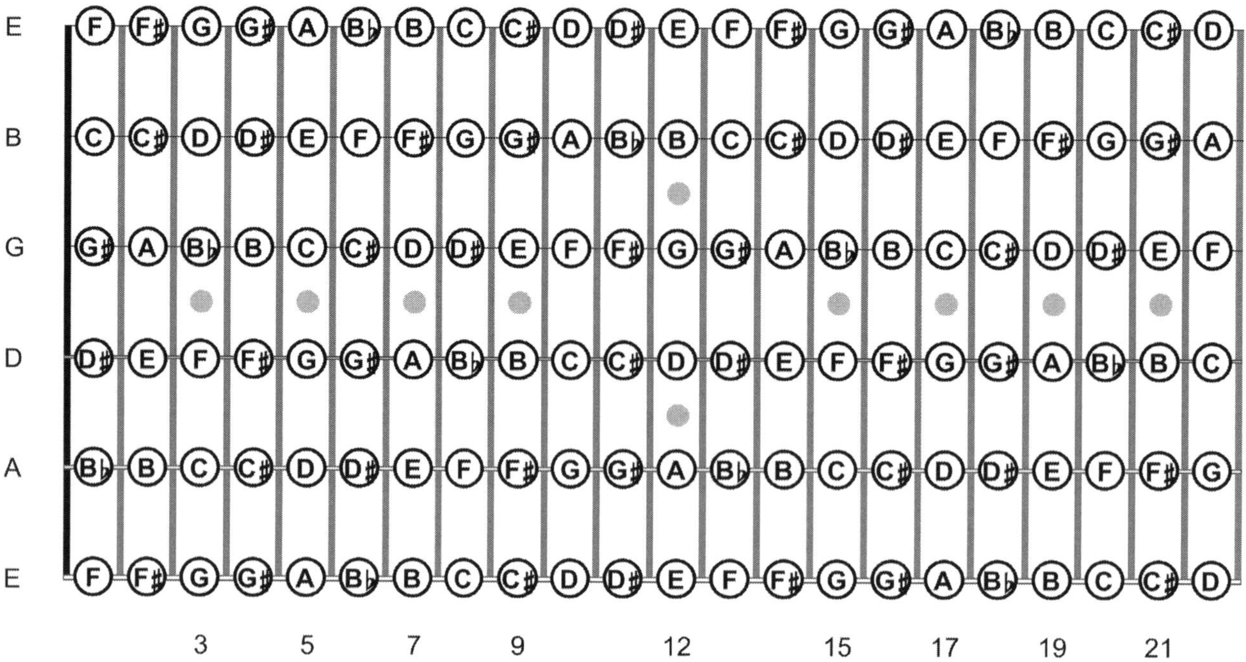

Tabellarische Darstellung der Boxen-Pattern-Kombinationen

	Box 1	Box 2	Box 3	Box 4	Box 5
Ionisch	#4	#5	#1	#2	#3
Dorisch	#5	#1	#2	#3	#4
Phrygisch	#1v	#2v	#3v	#4v	#5v
Lydisch	#1	#2	#3	#4	#5
Mixolydisch	#2	#3	#4	#5	#1
Äolisch	#3	#4	#5	#1	#2
Lokrisch	#4v	#5v	#1v	#2v	#3v

v = um einen Halbton nach oben verschoben

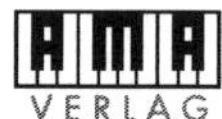

Grundtonboxen aller 12 Töne

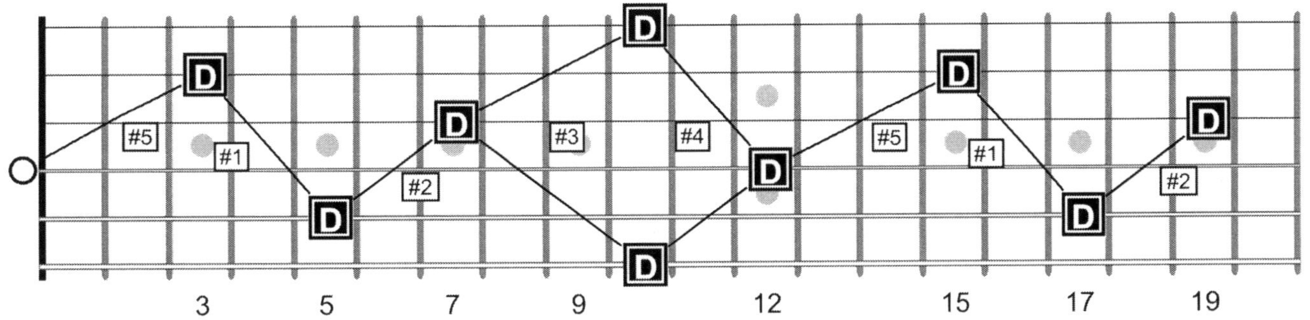

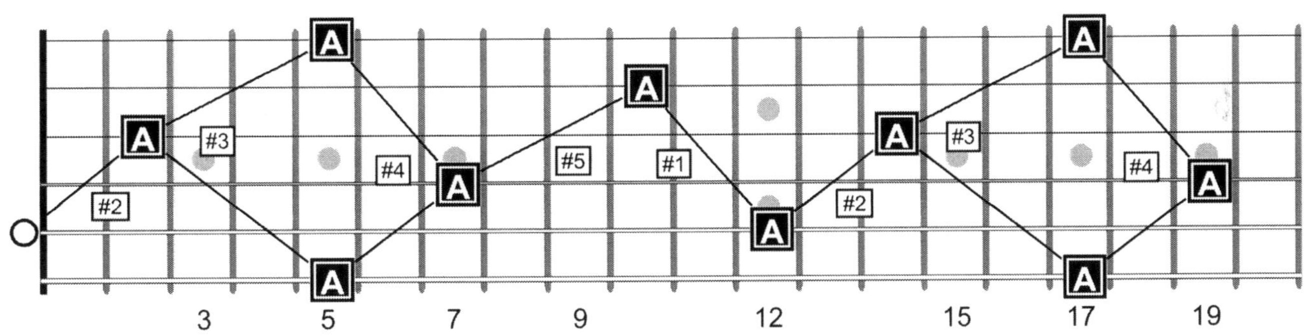

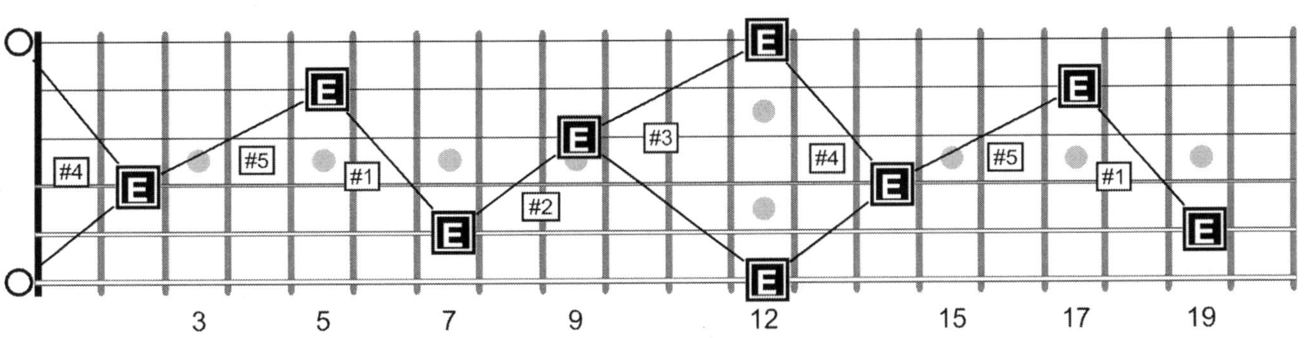

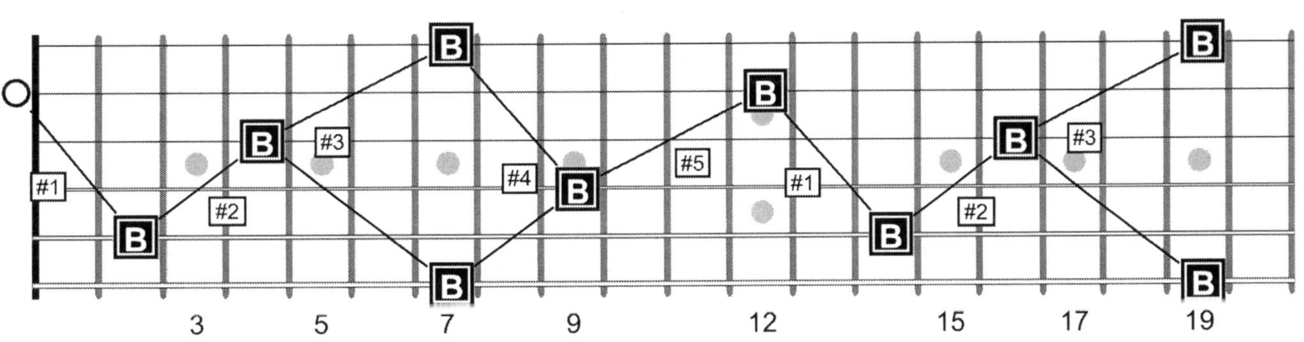

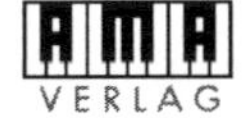

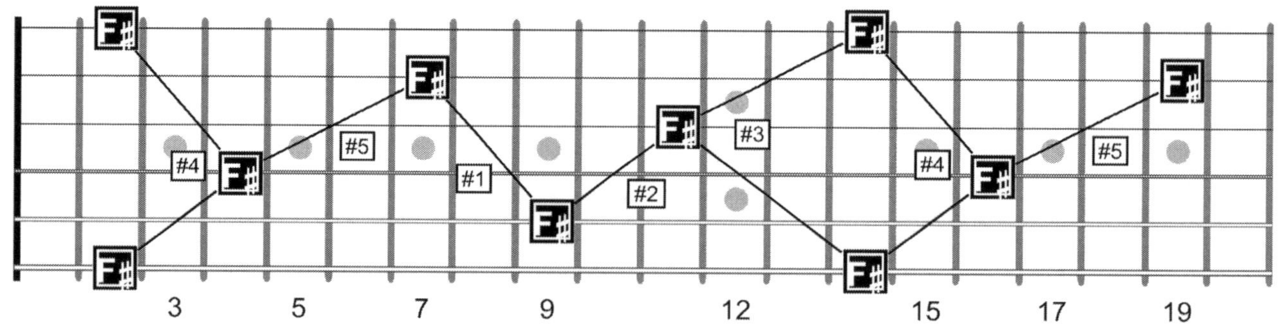
F♯
#4
#5
#1
#2
#3
3
5
7
9
12
15
17
19

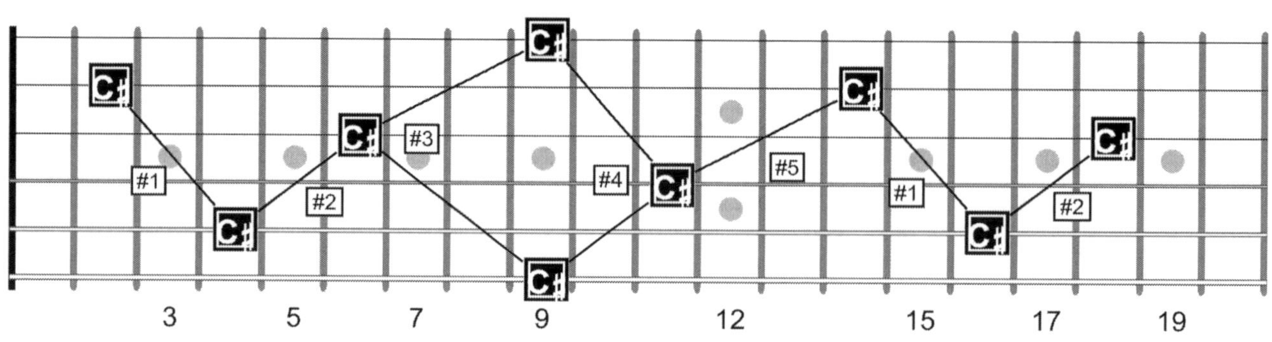
C♯
#1
#2
#3
#4
#5
3
5
7
9
12
15
17
19

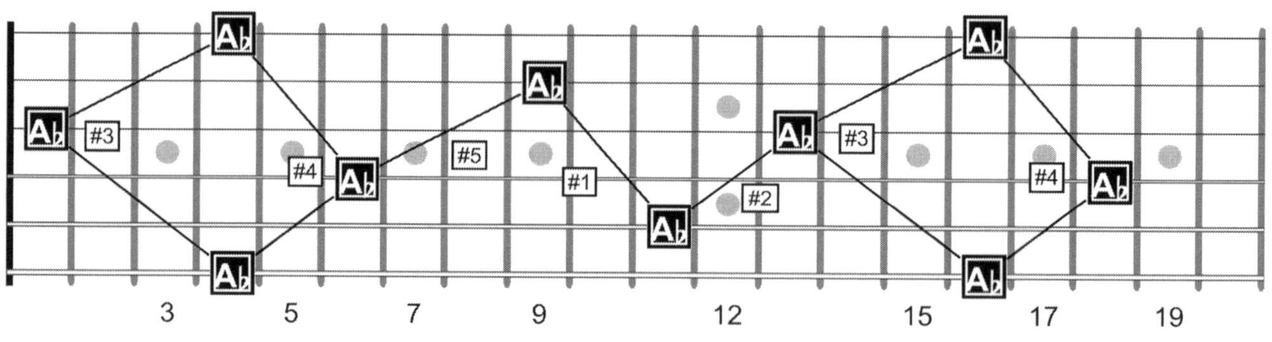
A♭
#3
#4
#5
#1
#2
3
5
7
9
12
15
17
19

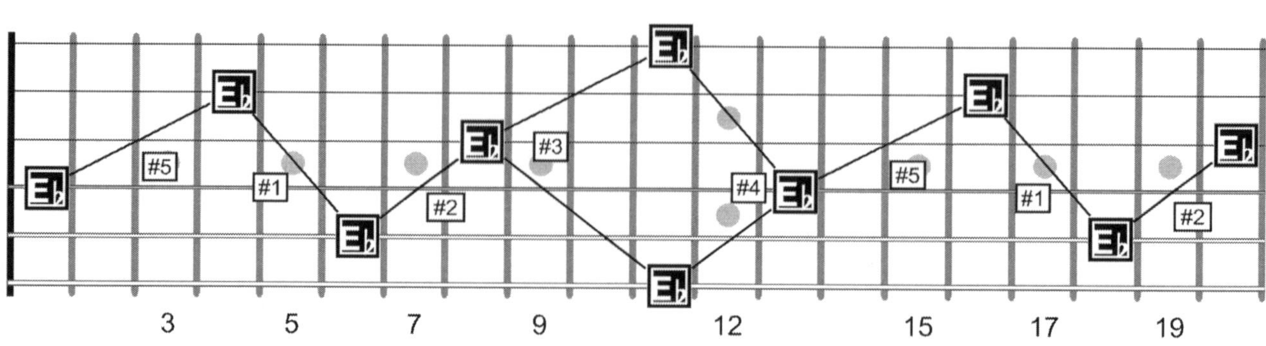
E♭
#5
#1
#2
#3
#4
3
5
7
9
12
15
17
19

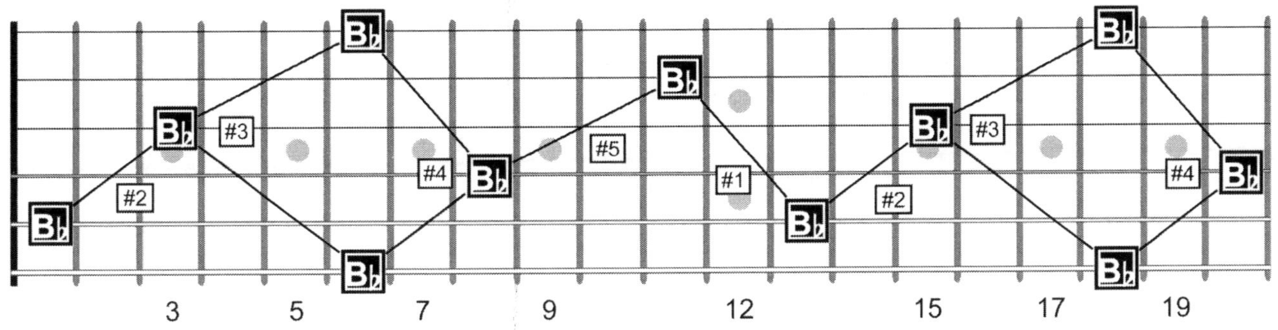
B♭
#1
#2
#3
#4
#5
3
5
7
9
12
15
17
19

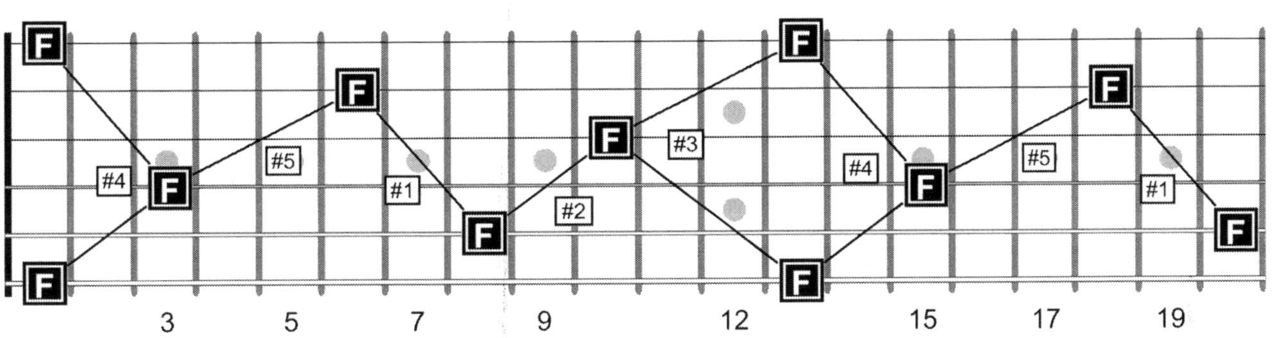
F
#1
#2
#3
#4
#5
3
5
7
9
12
15
17
19

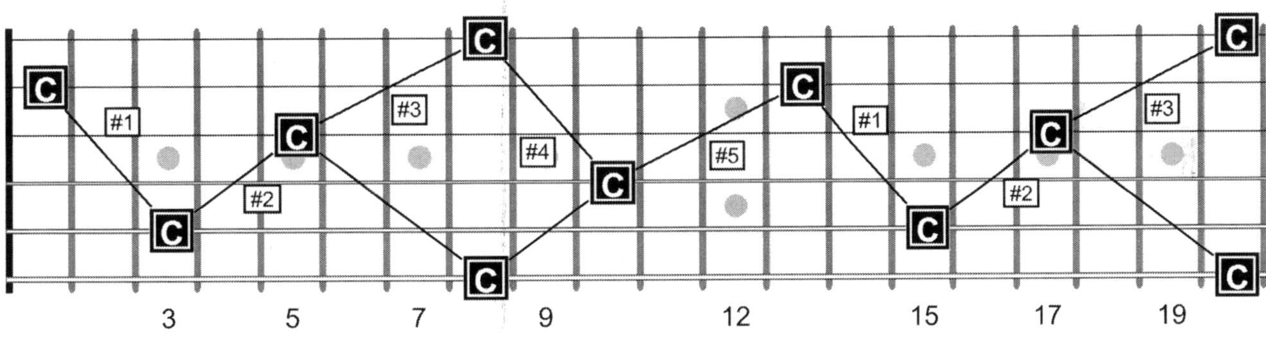
C
#1
#2
#3
#4
#5
3
5
7
9
12
15
17
19

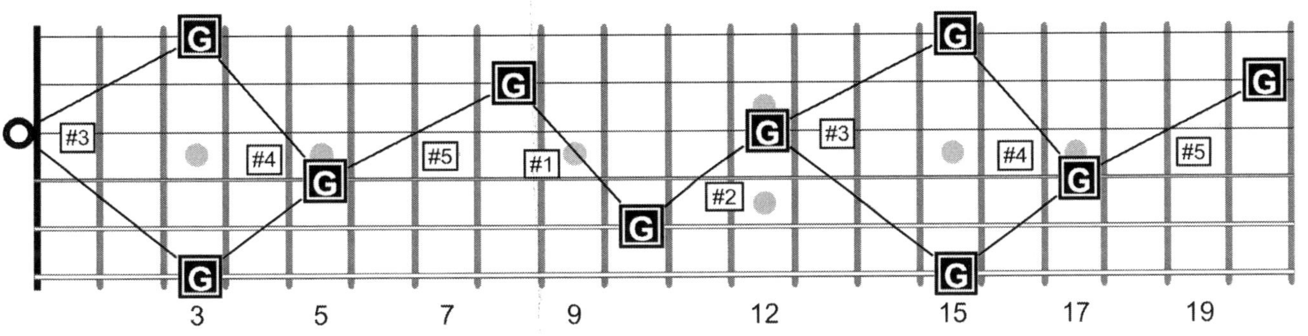
G
#1
#2
#3
#4
#5
3
5
7
9
12
15
17
19

Karten für Kombinations-Übungen
(bitte kopieren und ausschneiden)

Lage-Karten

1. Lage	2. Lage	3. Lage
4. Lage	5. Lage	6. Lage
7. Lage	8. Lage	9. Lage
10. Lage	11. Lage	12. Lage

Grundton-Karten

C	C#	D
Eb	E	F
F#	G	Ab
A	Bb	B